Du machst meine Finsternis hell

Du machst meine Finsternis hell

Lesungsvorschläge, Ansprachen, Fürbitten
für Trauergottesdienst und Beerdigung

Herausgegeben von
Klemens Schneider

Matthias-Grünewald-Verlag · Mainz

2. Auflage 1993

© 1993 Matthias-Grünewald-Verlag, Mainz

Umschlag: Harald Schneider-Reckels und Iris Momtahen, unter Verwendung von: Roland Peter Litzenburger „Schädelstätte" (Tuschaquarell 10./12. August 1986)
Satz: Roddert Fotosatz, Mainz
Druck und Bindung: Druckhaus Darmstadt

ISBN 3-7867-1686-2

Inhalt

Plötzlicher Tod

Suizid

8

Besondere Umstände

Anhang

9

Vorwort

Vor zwei Jahren ist ein erster Band mit Begräbnisansprachen veröffentlicht worden. Der Titel: „Es wird nicht dunkel bleiben". Aufgrund der starken Nachfrage und des positiven Echos haben Verlag und Herausgeber sich dazu entschlossen, einen weiteren Band herauszugeben, diesmal unter dem Titel: „Du machst meine Finsternis hell".

Der Tod eines uns nahestehenden Menschen kann unser Leben verfinstern. Es wird dunkel in uns und um uns, wenn wir Abschied nehmen müssen von einem verstorbenen Verwandten bzw. Bekannten. Und das Leben? Es erscheint grau in grau.

Nicht wenige sehen „schwarz", weil ihnen Perspektiven für die Zukunft fehlen. Sie „tappen im Dunkeln", weil sie nicht wissen, wie ihr Leben weitergehen soll.

In den vorliegenden 45 Ansprachen wird das Bemühen der Prediger deutlich, die „Finsternis" der Trauernden zu erspüren und ins Wort zu bringen. Dabei gehen sie von der Erkenntnis aus, daß wir in einer Zeit leben, in der sich viele Menschen nicht trauen zu trauern.

Die Trauernden werden ermutigt, sich ihrer Tränen nicht zu schämen. Tränen sind das Grundwasser der Seele: Sie müssen nach außen strömen und nicht nach innen.

„Du machst meine Finsternis hell ..." In unterschiedlichsten Ausdrucksformen erwarten Trauernde einen Zuspruch von der Kirche, durch den sie nicht vertröstet werden, sondern wirklichen Trost erfahren.

Kriterium für einen wirklichen Trost ist, ob der Zuspruch „einleuchtet", d.h., ob er annehmbar und nachvollziehbar erscheint. Wahrer Trost erhellt. Er läßt neue Wege „aufscheinen" für die Toten und für die Lebenden. In den vorliegenden Ansprachen, die alle im Alltag des Gemeindelebens entstanden sind, wird diesen Anforderungen Rechnung getragen.

In den deutschen Bistümern wird es mehr und mehr Praxis, daß auch Laien durch den jeweiligen Ortsbischof mit der Begräbnisfeier beauftragt werden. Deshalb freut es den Herausgeber, daß an diesem Buch nicht nur Priester mitgearbeitet haben.

Der Herausgeber dieses Buches hat in den letzten Monaten wertvolle Anregungen durch den Trauerbegleiter Jorgos Canacakis erhalten, der in einer Diagnose deutlich macht: „Wenn uns die Trauer überfällt, wissen wir oft nicht, wohin mit ihr. Es fehlt uns ein geeigneter Rahmen. Wir wissen nicht, wann wir sie zulassen sollen, mit wem und unter welchen Umständen. Gesellschaft und Wissenschaft haben das Thema bis jetzt mit viel Distanz behandelt. Auch die meisten Religionen lassen die Menschen allein oder verkomplizieren oder verhindern natürliche Trauerverläufe nach dem Motto: Drüben ist es besser als hier, wer weint, glaubt nicht, und wer darüber klagt, versündigt sich ... Es fehlt einfach das Kollektiv für die aktuelle und langfristige Unterstützung von Betroffenen. Es fehlt die Großfamilie, die Dorfgemeinschaft, die verständnisvolle Nachbarschaft als Auffangbecken für berechtigte Tränen ... Es fehlen Menschen und Gruppen, die mit Betroffenen das Leid teilen können, ohne Angst zu haben, von anderen abgewiesen zu werden, mißverstanden zu sein oder das Gefühl zu haben, andere damit zu belasten. Es fehlen uns Menschen, die nachahmenswert wären in Sachen Trauer. Es fehlen Rituale, die unseren Weg durch die Trauer heller machen können" (Jorgos Canacakis, Ich sehe deine Tränen, Stuttgart 1987, 35f).

Immer deutlicher wird, daß es neben einer „erhellenden" verbalen Verkündigung darauf ankommt, daß unsere Gemeinden im Umfeld von Tod und Trauer diakonisch tätig werden und so das Leben derer „erhellen", die in Finsternis leben.

Ein Wunsch an alle, die in den Gemeinden den Dienst der Verkündigung übernehmen: daß sie selbst immer wieder aus eigener Erfahrung sagen können: „Du machst meine Finsternis hell" (vgl. Ps 18,29).

Klemens Schneider

Tod im Alter oder nach langer Krankheit

Wo ist mein Anteil, Herr, am Licht?

Situation

Eine alte Frau stirbt nach langer Krankheit

Die alte Frau war über Jahre durch Krankheit ans Bett gefesselt. Sie verfiel im Laufe der Zeit immer mehr. Zunächst war sie noch in Grenzen ansprechbar gewesen, reagierte auch bis zum Schluß, etwa wenn man ihren Kopf oder die Hände streichelte. Sie wurde liebevoll in einem Altenheim gepflegt, war aber häufig ziemlich grob zu den sie pflegenden Schwestern. Dies hing wohl mit ihrer Krankheit zusammen. An Angehörigen war nur eine Schwester da, die weit weg wohnte und lediglich einmal im Jahr zu Besuch kam.

Lesungsvorschläge

Offb 21,1–5a; Joh 11,1–5. 17. 39–44

Ansprache

Mitten unter vielen Leuten stand einmal der Münchener Komiker Karl Valentin an einer Haltestelle und wartete auf die Straßenbahn. Schweigen. Nach einiger Zeit dreht er sich zu seinem Nachbarn und fragt: „Ach, bitte schön, können Sie mir vielleicht sagen, wo ich hin will?" Als der perplex schweigt, fragt er den nächsten, schließlich einen nach dem anderen. Das Ergebnis: Kopfschütteln, erstaunte und auch unfreundliche Worte. Ist ja auch zumindest verrückt, solch eine Frage. Jeder *weiß* doch schließlich, wohin er will, nicht nur mit der Straßenbahn.

Wir würden heutzutage wahrscheinlich noch viel verständnisloser reagieren als die Leute damals. Denn unsere gegenwärtige Gesellschaft ist ja geradezu daraufhin angelegt,
– daß jeder weiß, was er will,
– daß er zielbewußt seine Vorhaben verwirklicht.
Unsicherheit und Fragen, Zaudern und Unschlüssigkeit sind in unserer Gesellschaft der Zielbewußten und Tüchtigen nicht eingeplant: *selbst* ist der Mann, die Frau. Alles andere wird an den Rand gedrängt, verschwiegen und vertuscht.
Hört man den Menschen allerdings genauer zu,
– da, wo sie sich nicht voreinander behaupten müssen,
– da, wo sie im Innern ehrlich vor sich und den anderen sind,
dann merkt man sehr bald, wieviel an Fragen und Unsicherheiten in ihnen steckt. Vielleicht muß man heute wirklich Komiker sein, um in menschliche Tiefen vorstoßen zu können.
Und wo bleibt heute ein *kranker* Mensch? Der noch viel weniger in das heutige Bewußtsein paßt? Wie muß er sich selbst wohl empfinden? Draußen, außerhalb der Gesellschaft: das auf jeden Fall. Vielleicht im Leben schon tot? „Wo ist mein Anteil, Herr, am Licht? Ich will doch auch nach Hause kommen!" fragt die Schweizer Schriftstellerin Christine Lavant in tiefer Depression. Unsere tüchtige Gesellschaft bekommt Risse, wenn man diesen Fragen einmal nachgeht.
Gerade in unserer tüchtigen und überall so glatt polierten Welt sollten wir *dies* nicht übersehen: Es gibt Lebenswege, die an der *Grenze* dessen verlaufen, was Menschen ertragen können; Wege, die auch manchmal *über*fordern:
– an die Grenze ihrer Kräfte kommen Menschen in langer, oft quälender Krankheit;
– an die Grenze ihrer Kräfte kommen manchmal aber auch diejenigen, die diese Menschen in ihrer Krankheit begleiten.
An solch einer Grenze war Frau N. zumindest in den letzten Jahren. Ich selbst habe sie überhaupt nicht anders gekannt. Und wenn man zu ihr ans Krankenbett kam, dann fragte man sich immer neu: Warum? Wozu? Und es gab keine Antwort.
Gottes Wille? Ich weiß: Ganze Generationen haben so gedacht. Aber ich kann mir beim besten Willen keinen Gott vorstellen, der

14

einen Menschen durch ein langes Leiden reif machen will für den Himmel und für die ewige Seligkeit. Und: Ich will es auch gar nicht.

Also sinnlos, das lange Leiden? Das glaube ich wiederum auch nicht. Aber ich weiß nicht: *welchen*, welchen *Sinn*. Wir Menschen sind Analphabeten angesichts des langsamen und qualvollen Sterbens eines Menschen: Wir können nicht deuten, wir können nicht lesen. Aber *Gott* wird es wissen. Sinnloses Leiden wäre unmenschlich, und das wird Gott nicht zulassen.

Denken wir an dieser Stelle auch an etwas, das meist vergessen wird: Den langen Weg des Leidens sind Menschen mitgegangen, und solches Mitgehen fordert immer viel Kraft, geht auch manchmal bis an die eigenen Grenzen: Unser Dank deshalb auch an die, die Frau N. in den schweren Jahren begleitet haben!

Und jetzt? – In der Offenbarung des Johannes heißt es: „Gott wird alle Tränen von ihren Augen abwischen. Der Tod wird nicht mehr sein und kein Leid und kein Geschrei und keine Quälerei." Da, an diesem Ort, wird Frau N. jetzt sein. Das ist das Ziel, wo Menschen hinwollen, auch wenn es so schwer zu fassen ist und wir uns nur tastend dorthin bewegen. Nur wenn es dieses Ende und vor allem Gott an diesem Ende gibt, können wir vielleicht irgendwie mit dem Leid von Menschen fertig werden oder es zumindest irgendwie ertragen. Eine Hoffnung nur, ich weiß. Aber ohne diese Hoffnung gäbe es nur Verzweiflung.

Ich weiß auch: Man kann all das in dieser Stunde nur ganz leise und vorsichtig sagen. Und wir sollten auch kein allzu grelles Gemälde von der fürsorgenden Liebe Gottes oder einer heilen Welt entwerfen: Dieses Gemälde hat ja einen Riß bekommen, und diesen Riß behält es. Nein: Wir sollten es wirklich nur ganz leise sagen. Aber:

– Ist es deshalb weniger wahr?

– Soll man es deshalb verschweigen?

Mir scheint: gerade nicht! Der Toten wegen nicht. Aber unseretwegen nicht minder: Gerade die Lebenden brauchen Hoffnung für den Tod; wie sollen sie sonst leben können?

Fürbitten

Beten wir zu Gott, dem Urheber und Erhalter allen Lebens:

- Schenke der verstorbenen N. N. ein Leben bei dir, das nicht mehr geschmälert und beeinträchtigt wird.
- Vergilt alles Gute, das sie in ihrem irdischen Leben getan hat, und alle Schmerzen, die sie erdulden mußte.
- Erhalte den Kranken Hoffnung, Lebensmut und vor allem Menschen, die das Leid mittragen.
- Laß uns alle, Gesunde und Kranke, Traurige und Fröhliche, zueinanderstehen und unsere Hoffnungen miteinander teilen.
- Gib denjenigen Menschen, die an der Schwelle des Todes stehen, Kraft und laß sie würdig sterben.

Gott, du kennst die Menschen und weißt auch um ihre Not. Bleibe ihnen deshalb nahe, damit sie hier auf Erden einen menschlichen Weg für ihr Leben finden und später einmal die Fülle des Lebens bei dir. Amen.

Hermann Punsmann OFM

Einverstanden sein mit Gottes Willen

Situation

Tod eines älteren, kranken Mannes

Beerdigung eines älteren Mannes nach plötzlicher, schwerer Krankheit, an deren Ende ein vierwöchiger Krankenhausaufenthalt stand. In den letzten beiden Wochen wurden die Angehörigen damit konfrontiert, daß der Tod unausweichlich sein würde.
Die Familie war in der Pfarrgemeinde nicht engagiert, ging aber sonntags regelmäßig zum Gottesdienst.

Lesungsvorschläge

Röm 14, 7–9.12; Joh 12, 24–26

Ansprache

„Der Tod war eine Erlösung für ihn." – Sie, die Angehörigen, haben das gesagt, und das kann auch wohl jeder bestätigen, der in den letzten Wochen das Leiden und Sterben von N. N. miterlebt hat. Unaufhaltsam ging das vor sich, Schritt für Schritt, und alle, die das mitansahen, bekamen ihre Hilflosigkeit und Ohnmacht zu spüren. Am Ende schließlich war der Tod wirklich eine Erlösung, nicht nur für den Verstorbenen, sondern auch für alle, die seinen letzten Weg mitgegangen sind.

Ich meine, es ist gut, wenn man das sagen kann und sagen darf: Der Tod war eine Erlösung für ihn. Denn wir erleben ja tagtäglich ganz andere Gesichter des Todes: unvorstellbar grausam, wenn Menschen zu früh sterben; manchmal als viel zu hoher Preis einer Gesellschaft, in der technischer Fortschritt und bodenloser Leichtsinn Hand in Hand gehen, oder auch – peinlich verschwiegen und nur am Rande registriert – in Hungerkatastrophen und menschlich verschuldetem Elend.

Heute nachmittag erscheint der Tod wie eine Erlösung, und ich denke daran, was der hl. Franziskus im Sonnengesang über den Tod sagt: „Lob sei dir, mein Herr, durch unsere Schwester, den leiblichen Tod. Selig die, welche sie einverstanden findet mit deinem heiligsten Willen."*

Es mag am Tag der Beerdigung noch zu viel verlangt sein, Gott sogar zu preisen angesichts des Todes, wie Franziskus das getan hat. Trauer, Schmerzen und Tränen lassen sich nicht einfach übergehen oder verdrängen. Aber den Tod annehmen, wie er ist, ihn gleichsam wie eine Schwester bejahen, dazu macht der Sonnengesang uns Mut, und die folgenden Verse nennen dann auch die

---

* In Anlehnung an den italienischen Originaltext („per sora nostra mortale corporale") spreche ich von „Schwester Tod" – im Gegensatz zu den meisten deutschen Übersetzungen; vgl. aber A. Rotzetter: Von Demut, Frieden und anderen Torheiten; Freiburg (Schweiz) 1990, 124 ff.

Begründung für eine solche Einstellung: denn nachdem Franziskus diejenigen seliggepriesen hat, die unsere Schwester Tod einverstanden findet mit Gottes heiligem Willen, heißt es: „Ihnen kann der zweite Tod nicht schaden."

Es gibt also für Franziskus offenbar zwei verschiedene Tode: den Tod des Körpers und den totalen, absoluten Tod, die vollkommene Verlassenheit, das Ende ohne jede Hoffnung und jeden Trost. Doch die, die einverstanden sind mit dem Tod des Körpers, die werden den zweiten Tod nicht erleiden.

Wie geht das – einverstanden zu sein mit dem Tod? Wie kann man ihn gerade nicht als Feind, sondern – wie Franziskus es sagt – als Schwester annehmen, als unsere Erlösung?

Es geht, wenn wir glauben können, daß der Tod nicht das Ende, sondern die Tür zu einem neuen Leben ist, ein Leben, das stärker ist als der Tod.

Stärker als der leibliche Tod ist, was jeden einzelnen mit dem Verstorbenen weiterhin verbindet: die Liebe und die Freundschaft, die Dankbarkeit für das, was er getan hat und was er uns bedeutet.

Stärker als der leibliche Tod ist unser Glaube und gerade auch der Glaube des Verstorbenen, daß unser Gott Leben schenken wird, das der Tod nicht mehr nehmen kann. Und in diesem Sinn sagt es Franziskus in seinem Sonnengesang: Wer mit dem Willen Gottes einverstanden ist, wer glaubt, daß Gott immer, selbst im Sterben, ein Gott des Lebens ist, für den gibt es nicht den zweiten, den totalen Tod, das Ende ohne Hoffnung.

Das macht den ersten, den leiblichen Tod nicht harmlos, nimmt ihm nicht das Schlimme und Bedrückende. Denn unser Glaube tritt nie an die Stelle des Leids und der Trauer, sondern ist eher so wie Licht inmitten der Dunkelheit.

Er gibt uns die Kraft, daß keiner an seinem irdischen Leben um jeden Preis kleben muß, daß nicht irdisches Leben unendlich verlängert werden muß, vor allem nicht dann, wenn die Verlängerung eigentlich nicht mehr Leben zu nennen ist.

Und das gilt nicht nur für das Ende des Lebens. Im Evangelium heißt es: „Wer an seinem Leben hängt, verliert es. Wer aber sein Leben in dieser Welt geringachtet, wird es bewahren bis ins ewige

Leben." In diesem Glauben dürfen wir Menschen sein, befreit von der Macht des Todes, erlöst von der andauernden Angst, etwas zu verpassen oder zu kurz zu kommen, erlöst auch von der quälenden Suche nach dem ausschließlich eigenen Vorteil und Glück. Wir können Menschen sein, die nicht nur für sich leben, sondern auch und gerade für andere. Wer sein Leben loslassen kann, der wird zum Weizenkorn, das für andere Frucht bringt. Der wird mit neuem Leben beschenkt. Dem wird der leibliche Tod zur Schwester, die ihn zum neuen Leben führt.

Fürbitten

Lebendiger Gott, deine Liebe ist stärker als der Tod. Dich bitten wir:

- Für unseren Verstorbenen: Schenke ihm die Erfüllung seiner Hoffnung und Sehnsucht.
- Für alle, die um den Verstorbenen trauern: Stärke sie im Glauben an deine lebenspendende Macht.
- Für die, die Angst haben vor Altwerden und Sterben: Laß sie ihr Leben annehmen und bejahen können.
- Für alle, die durch Taufe und Glauben mit Christus verbunden sind: Gib ihnen den Mut, Jesus, dem Weizenkorn, nachzufolgen.

Gott, dein Sohn ist das Weizenkorn, das für uns starb. Als Frucht seines Sterbens haben wir Hoffnung auf einen neuen Himmel und eine neue Erde. Dir sei Lob und Dank in Ewigkeit. Amen.

Clemens Kreiss

Liebe ist auf Dauer angelegt

Situation

Tod eines Witwers, die Kinder suchen Antworten

Ein verwitweter Mann ist verstorben, dessen Kinder angesichts seines Todes nach Antworten suchen auf die Fragen nach Gott und einer Zukunft für die Verstorbenen.

Lesungsvorschläge

Jes 40, 21–31; Joh 12, 20–26

Ansprache

Angesichts des Todes werden manche von unseren Vorstellungen brüchig, andere bekommen eine vorher ungeahnte Endgültigkeit. Im Zusammenhang mit dem Tod eines lieben Menschen fragen wir nach dem Woher und Wohin. Was war sein Leben? Was bleibt davon?
Wenn wir Christen von Ostern her und aus dem Glauben zu deuten versuchen, dann nicht, weil wir zu feige wären, der Realität ins Auge zu schauen. Unser Leben ist eine begrenzte Zeit hier auf der Erde, das Leben um uns herum geht weiter, es war vor uns und wird nach uns sein. Aber unser Leben nur von diesen äußeren Gegebenheiten zu verstehen, wäre sehr vordergründig.
Ein alter Mann ist gestorben, er hat immer seine Pflicht getan, gegenüber seiner Frau, seinen Kindern, für sein Volk und sein Vaterland. Er hat seine Heimat verloren, seine Frau begraben müssen, wurde pensioniert und war zuletzt ans Haus gebunden. –
Wer ihn besser kannte, kann mehr sehen, hat tiefere Einsichten.
Der Verstorbene hat nicht nur aus Pflicht gehandelt. Er liebte seine Frau und seine Familie, darum hat er so treu gesorgt. Er liebte die Heimat, die er verteidigen wollte und doch verlassen mußte. Er gehörte zur Kirche und fand im Glauben Halt in vielen Lagen seines Lebens, wenn er vom Krieg erzählte und der Angst, wenn er von seiner Heirat erzählte und der Liebe ...

Kann Liebe untergehen? Wenn sie echt war, hat sie mehrere Dimensionen, auch die der Treue. Liebe ist auf Dauer angelegt und verheißt Ewigkeit.

Könnte es sein, daß auch hinter unserer ganzen Welt eine tiefe Liebe steht? Daß die Welt kein Zufall im endlosen Raum ist, sondern eine gewollte Schöpfung als Gegenüber zu einer Wirklichkeit, die zu uns Beziehung pflegen will und deren Geheimnis wir Gott nennen?

Zu wunderbar ist die ganze Welt, als daß sie uns nur sagen will: Hinter alldem ist nichts. Sogar hinter der Finsternis, hinter Schuld und Leid, hinter Elend und Schmerz verbirgt sich diese ungeahnte Wirklichkeit. Ja, so tief ist dieses andere, daß es uns auch in der tiefsten Tiefe noch umfängt, daß wir immer in Höhen und Tiefen, im Leben und im Tod noch darin bleiben. Zwar kann uns auf der kleinen Erde im großen Weltall bewußt werden, daß wir nicht der Mittelpunkt und die Beherrscher des Alls sind, aber wir können um so mehr staunen, daß wir trotzdem der Liebe wert sind. Menschen schenken uns Liebe, wir können Liebe geben. Wem verdanken wir es mehr als unseren Eltern, diese Erfahrung von Anfang an und immer wieder gemacht zu haben?

Jesus hat die Liebe Gottes so erfahren, daß er sie mit der Liebe eines guten Vaters vergleicht. In seiner Spur haben Unzählige gelebt und geglaubt, gefragt und geliebt. Sie haben Kraft und Orientierung gefunden für alle Tage des Lebens und nicht zuletzt für den Tag des Sterbens.

Was wir in der Natur erfahren können: Alles vergeht, alles ist zum Sterben bestimmt. Das ist wie ein Gleichnis. Denn nichts geht in der Natur verloren, nichts kommt und geht ohne einen Sinn; alles hat seine Aufgabe. Materie und Energie vergehen nicht, sie können nur verwandelt werden von einem Zustand in den anderen, vom festen zum flüssigen oder zu Gas. Wo unsere Sinne an ihre Grenzen kommen, ist die Wirklichkeit noch längst nicht am Ende. Mit Mikroskopen oder Teleskopen wachsen wir über uns selbst hinaus. Andere Sensoren brauchen wir auch, um Gott auf die Spur zu kommen. Er wird spürbar und greifbar, wo der Glaube zunächst einmal von seiner verborgenen Gegenwart überzeugt ist.

Gott läßt sich finden in seiner Schöpfung, in den Kreaturen und bleibt doch zugleich ein Rätsel. So wie die Jünger an Ostern Jesus erkennen und doch nicht festhalten können; er zeigt sich und entzieht sich im selben Moment, er ist der Altvertraute und wirkt doch wieder fremd.

Tatsache ist, daß dieser Jesus, der Gekreuzigte, vielen Menschen Mut gemacht hat, das Abenteuer des Lebens zu bestehen, und Kraft gegeben hat, alles zu überwinden, was sich an Schwierigkeiten auf dem Weg ergibt.

Er, der im Leben ein Opfer der Mächtigen wurde, ist der wahre Sieger. Er war so reich, daß er sich selbst verschwendete für andere, er gab sein Leben, und doch lebt er neu. Er ist lebendig im Leben der Glaubenden. Er hat Antworten auf die Fragen aus allen Generationen. Er ist selbst die Antwort.

In diesem Glauben und Vertrauen ist der Verstorbene seine Wege gegangen, in diesem Glauben können wir ihn auf seinem letzten irdischen Weg begleiten. Er nimmt uns mit hinein in das Geheimnis vom Sterben und Neuwerden, Tod und Auferstehung. Damit geht die Schöpfung weiter. Gott ist nicht ans Ende gekommen bis heute und will auch kein Ende, nur Verwandlung.

Fürbitten

Laßt uns beten zu Gott, der gibt und nimmt, der alles schafft und erhält:

- Für unseren Verstorbenen, daß seine Liebe bleibt und seine guten Taten ihm nachfolgen.
- Für die ganze Schöpfung, daß alle Kreaturen Anteil erhalten an der Herrlichkeit derer, die schon ganz bei Gott sind.
- Für alle Glaubenden, daß wir treu bleiben in den Bewährungen des Lebens und so ans Ziel gelangen.
- Für alle Suchenden und Fragenden, daß sie Orientierung finden und Jesus erkennen als den wahren Zeugen.
- Für die Bedürftigen, daß sie Hilfe und Beistand durch andere Menschen finden und auf Gott vertrauen können.

So bitten wir dich, Gott – du bist Anfang und Ende. In deiner
Hand sind wir alle geborgen, heute und in Ewigkeit.

Rainer B. Irmgedruth

„So nimm denn meine Hände und führe mich"

Situation

Tod einer alten Frau nach langem Siechtum

Die Verstorbene lebte über zehn Jahre im Altenheim; diese Jahre
waren geprägt von einer immer stärker werdenden körperlichen
Gebrechlichkeit (u. a. schweres Rheuma). Geistig noch verhältnis-
mäßig rege, quälte sie das bewußte Erleben ihres körperlichen
Verfalls, insbesondere, daß sie aufgrund ihrer Krankheit in allem
auf fremde Hilfe angewiesen war.
Die Angehörigen waren mir – mit Ausnahme einer Tochter, die ich
manchmal bei Besuchen traf – unbekannt. Nach den Schilderun-
gen dieser Tochter waren ihre Kinder bzw. die Enkel – die meisten
inzwischen erwachsen – „anständig, aber gehen nicht mehr zur
Kirche", und das galt wohl auch für den überwiegenden Teil der
Verwandtschaft. Die Situation spiegelt sich in der Predigt einer-
seits in der Wahl des Evangeliums wider (vgl. insbesondere Joh
21,18), andererseits vor allem in der Passage über die Freiwilligkeit
des Glaubens.

Lesungsvorschlag

Joh 21,15–19

Ansprache

Eine jüdische Lebensweisheit lautet: „Wenn ein Mensch geboren
wird, hat er die Hände zusammengeballt, als wolle er sagen: Ich

23

erobere die Welt. Wenn einer stirbt, sind seine Hände ausgestreckt, als wolle er sagen: Ich habe nichts zurückbehalten, alles gehört dir, o Gott."

Älter werden, alt werden und sterben, das heißt auch: vom Festhalten zum Loslassen kommen, aufgeben müssen, immer weniger besitzen können. Die Verstorbene hat schon lange loslassen müssen, und, wenigstens äußerlich betrachtet, kann man nicht sagen: Sie hat ein schönes Alter gehabt. Vielmehr war das Altwerden für sie ein langsames, aber sehr intensives Sterben auf Raten, und jeder, der sich mit ihr verbunden fühlte, spürte nichts so stark wie die eigene Ohnmacht und Hilflosigkeit.

„Wenn ein Mensch geboren wird, hat er die Hände zusammengeballt, als wolle er sagen: Ich erobere die Welt. Wenn er stirbt, sind seine Hände ausgestreckt."

Ausgestreckte Hände sagen: Ich bin angewiesen auf andere, ich brauche Hilfe, ich brauche jemanden, der mich bei der Hand nimmt und mir sagt: Ich halte dich fest, ich bin bei dir, ich führe dich.

Das haben allerdings nicht nur alte und kranke Menschen zu lernen. Keiner kann seine Hände immer nur zusammenballen, keiner kann ein Leben lang nur zupacken, jeder muß die Hände irgendwann einmal ausstrecken und damit sagen: Ich nehme die Grenzen meiner Kraft, meines Könnens an; ich bin bereit, mich jemandem anzuvertrauen, der mich bei der Hand nimmt und aufrichtet, der mich vielleicht auch Wege führt, die ich aus eigener Kraft nicht gehen kann oder mir nicht zutraue.

Wer seine Hände nur zusammenballt, der wird verkrampft und isoliert. Wer nur festhalten will, der wird nie fähig sein, etwas abzugeben, der kann auch nie Neues empfangen.

Ausgestreckte Hände, so sagt die jüdische Überlieferung, bedeuten auch: „Alles gehört dir, o Gott."

Nicht jeder wird das ehrlichen Herzens so einfach nachsprechen können.

Wir nehmen Abschied von der Verstorbenen als Menschen mit sehr unterschiedlichen Beziehungen zu dem Gott, in dessen Namen wir versammelt sind: Manche vielleicht sehr fest und sicher, andere mit Fragen, sogar mit Vorwürfen und Klagen gegen einen Gott, dessen Wege ja auch nicht immer zu verstehen sind, und wieder andere werden zu der Überzeugung gekommen sein, daß sie ihr Leben auch ganz gut ohne Gott meistern können.

Ich meine, diese Unterschiedlichkeit macht auf eine wichtige Seite unseres Glaubens aufmerksam: Der Glaube, den wir heute morgen hier bekennen, ist keine Selbstverständlichkeit, nichts, was sich einem aufdrängt wie eine zwingende Notwendigkeit.

Glaube an die Auferstehung ist Angebot, Einladung Gottes an uns, kein Zwang, sondern eine uns entgegengestreckte Hand: Wir können sie ergreifen, unser Leben ihm anvertrauen. Wir können ihm sagen: Alles gehört dir, o Gott – meine Fragen, meine Hoffnung, meine Sehnsucht, mein Leiden, mein Glaube, mein Leben. Aber wie schon gesagt, das ist ein Angebot Gottes. Wenn wir unsere Hand ausstrecken, dann greifen wir nicht ins Leere, und wenn wir seine Hand ergreifen, dann wird Gott uns sagen: Ihr werdet nicht dem Tod gehören und keiner anderen Macht, ihr werdet mir gehören, seid mein Eigentum. Ich nehme euch bei der Hand und führe euch.

„So nimm denn meine Hände und führe mich", so heißt es auch in einem Lied, etwas kitschig und abgegriffen, weil es so oft für Hochzeiten gebraucht wird. Aber in Wirklichkeit ist es ein Sterbelied, denn nur Gott und kein Mensch kann letztendlich erfüllen, was da erhofft und erwartet wird: „So nimm denn meine Hände und führe mich, bis an mein selig Ende und ewiglich. Ich kann allein nicht gehen, nicht einen Schritt. Wo du wirst gehn und stehen, da nimm mich mit."

Fürbitten

Gott, wir vertrauen darauf, daß du uns Menschen bei der Hand nimmst und uns alle Tage unseres Lebens begleitest. Höre unsere Bitten:

- Für unsere Verstorbene, die auf dich, Gott, ihre Hoffnung gesetzt hat: Führe sie zur Freude deiner Herrlichkeit.
- Für alle, die an dich glauben: Stärke sie in ihrem Vertrauen auf deine Macht, die stärker ist als Leid und Tod.

- Für alle, die alt und hilflos sind: Laß sie deine Nähe im Gebet und durch die Güte und Freundlichkeit ihrer Mitmenschen erfahren.
- Für uns selbst: Laß uns die Grenzen unseres Lebens annehmen können.

Gott, komm uns zu Hilfe mit deiner Güte und deinem Erbarmen: Schenke allen Verstorbenen und auch uns einmal die Fülle deines Lebens. So bitten wir durch Christus, unseren Herrn.

Clemens Kreiss

„Unsere Tage zu zählen, lehre uns! Dann gewinnen wir ein weises Herz" (Ps 90,12)

Situation

Tod eines alten Witwers

Bis zuletzt blieb Herr N. in seinem Haus wohnen, versorgte sich selbst, war in seiner Nachbarschaft und in der Pfarrgemeinde bekannt und beliebt als jemand, der gleichzeitig unauffällig und eindrucksvoll präsent war. Sein Sohn lebt in einer anderen Stadt, in der unmittelbaren Umgebung des Verstorbenen gab es keine Angehörigen, Freunde oder Bekannte, die regelmäßig näheren Kontakt zu ihm hatten.
Ich habe den Verstorbenen vor seinem Tod nur vom Sehen, als Teilnehmer an Gottesdiensten, gekannt.

Lesungsvorschläge

Ps 139; Mt 10,26–31

Herr N. hat das Ende seines Lebens erreicht. Wir wollen gemeinsam still werden bei diesem Abschied. Gern möchten wir erfassen, erahnen, was dieses Leben ausmachte, wer Herr N. gewesen ist in den beinahe neun Jahrzehnten, die zwischen seiner Geburt und seinem Tod liegen.

Seine Zugehörigkeit zu dieser Pfarrgemeinde ist der Grund dafür, daß wir hier, in der Kirche, zusammenkommen. Sie, die Angehörigen von Herrn N., haben sich für diese Form des Abschieds entschieden, weil Sie seiner Glaubensüberzeugung Rechnung tragen möchten.

Heute morgen sind Menschen hier, denen der christliche Glaube in seiner kirchlichen Form viel bedeutet. Aber hier sind auch Menschen, für die kirchliches Leben nicht anziehend ist, sondern fremd – vielleicht sogar ärgerlich und abstoßend.

Für uns, für Sie und für mich, ergeben sich manche Schwierigkeiten aus der Tatsache, daß die hier versammelten Menschen so verschieden sind. Aber ich finde es auch großartig, daß wir trotz aller Unterschiede doch versuchen, zusammenzusein. Jede, jeder von uns sucht auf ganz eigenen Wegen nach Glück, wir alle sind unterwegs, fragen uns durch nach dem Sinn unseres Lebens. Diese Gemeinsamkeit ist erfreulich und wertvoll – etwas, das wir miteinander teilen können.

Dreimal ruft uns das Evangelium dieses Tages zu: „Fürchtet euch nicht!" – „Fürchtet euch nicht!": Im Leben von Herrn N. war eine Kraft am Werk, die es ihm ermöglichte, auch schwierige Zeiten zu bestehen. Die Not der zwanziger Jahre, die Gefangenschaft in einem japanischen Konzentrationslager, der Krieg, die Einsamkeit nach dem Tod seiner Frau – vor dem Hintergrund all dieser Ereignisse bedeutet es sehr viel, daß Herr N. bis ins hohe Alter hinein ein selbständiges Leben führen konnte. „Fürchtet euch nicht!" Im Leben von Herrn N. war eine Kraft am Werk, die es ihm ermöglichte, seinen Beruf als Mathematiklehrer bis zum Alter von siebzig Jahren auszuüben. „Fürchtet euch nicht!" In Herrn N. lebt eine Kraft, die ihn aufrichtete, stützte und steuerte, als er – beinahe zwanzig Jahre lang – nach dem Tod seiner Frau als Witwer allein weitergehen mußte.

Herr N. öffnete sich immer wieder für die hoffnungsvolle Erwartung: Es gibt einen unerschöpflichen Brunnen der Lebenskraft, einen Brunnen von Freundlichkeit und Liebe, einen Brunnen, aus dem Freigebigkeit und Vertrauen entspringen. Wenn er zur Kirche ging, kam darin zum Ausdruck: Ich bin und bleibe auf der Suche – auf der Suche nach diesem Brunnen. Ich will mich durchdringen, erfüllen lassen, ich möchte, daß der Lebensquell, den wir Christen Gott nennen, in mir und in anderen Menschen immer von neuem entspringt: die göttliche Quelle des Wohlwollens, der Liebe, der Hoffnung.

Das Fach, dem Herr N. sich verschrieben hatte, war die Mathematik. Mit Zahlen umgehen können: Das ist für uns alle unumgänglich – damit bekommt unser Denken und Leben Form und Struktur. Daß das Leben und Denken junger Menschen Form und Struktur aufbaut, daß junge Menschen Orientierung finden, Orientierung aufbauen können – dafür hat Herr N. sich als Erzieher mit Herz und Seele eingesetzt; seine mathematische Fachkompetenz hat er in den Dienst dieser pädagogischen Aufgabe gestellt.

Die Zahl – diese nützliche und fesselnde Erfindung des menschlichen Geistes – bestimmt in steigendem Maße unsere moderne Gesellschaft, unsere Wissenschaft und die Technik. Das Reich der Zahlen ist so groß, daß auch ein menschliches Leben, das sehr lange dauert, nicht ausreicht, um alle mathematischen Geheimnisse zu erforschen. Aber so groß das Reich der Zahlen auch ist: Es hat auch seine Grenzen. Vielleicht ist gerade jemand, der weiß, was Zahlen können, was wir mit Zahlen können, gezwungen, Ausschau zu halten – nach dem, was sich eröffnet, wenn wir die Grenzen des Reiches der Zahlen überschreiten.

Damit kommen wir zurück auf das Evangelium dieses Tages, zurück zu den ermutigenden Worten Jesu, die mit dem „Fürchtet euch nicht!" beginnen. Mit überraschenden Bildern versucht Jesus, uns darauf aufmerksam zu machen, daß Gott uns mit unvorstellbarer Sensibilität geschaffen hat und uns mit einer ebenso wachsamen Zuwendung begleitet: „Kein Spatz fällt zur Erde ohne den Willen eures Vaters. Bei euch aber sind sogar die Haare auf dem Kopf alle gezählt." Dieses Sich-Wundern über die schöpferische Kraft Gottes spricht auch aus Psalm 139: „Wie schwierig sind für mich, o Gott, deine Gedanken, wie gewaltig ist ihre Zahl! Wollte ich sie zählen, es wären mehr als der Sand. Käme ich bis zum Ende, wäre ich noch immer bei dir" (V. 17 f).

Die Tage von Herrn N., die wir mit Zahlen bezeichnen können, sind zu Ende. Aber er ist auf das Ende seiner zählbaren Tage zugegangen mit der gläubigen Offenheit: Komme ich bis zum Ende, bin ich noch immer bei dir.

Wir bleiben mit der Frage zurück: Was zählt in unserem Leben, wer zählt? Gibt es eigentlich noch Hoffnung für Menschen, die schon längst nicht mehr mitzählen, die schon ausgezählt sind?

Der Gott der biblischen Tradition zählt anders. Seine Aufmerksamkeit bindet sich nicht an Menschen, die alles haben; er steht nicht im Bann derer, die die besten Ergebnisse erzielen. In Psalm 56 sagt jedenfalls ein Mensch, der vertrieben und durch andere ausrangiert wurde, zu Gott: Du führst Buch über alles, was mich bedrückt; sammle meine Tränen in einem Krug, sind sie nicht durch dich aufgezeichnet? (V. 9)

Dies ist der Maßstab Gottes, so zählt er. Der Wunsch, mit diesem Maßstab Gottes rechnen zu können, spricht aus einer Bitte – ebenfalls ein Psalmwort –, mit der ich diese Besinnung beschließen möchte: „Unsere Tage zu zählen, lehre uns! Dann gewinnen wir ein weises Herz" (Ps 90,12).

Fürbitten

– Für die Überlebenden – für Angehörige, Freunde und Bekannte; für die Schülerinnen und Schüler des Verstorbenen, für alle, denen er geholfen hat, die Richtung des eigenen Lebens zu finden und auf dem eingeschlagenen Weg voranzukommen. Wir bitten dich ...

– Für Menschen, die ihre bisherige Sicherheit im Umgang mit sich selbst und der Welt, in der sie leben, verloren haben; für alle, denen ihre bisherigen Orientierungspunkte genommen wurden oder blaß geworden sind; für alle, die sich kaum aus dem Schatten einer Trauer lösen können, die ihr Leben verdüstert. Wir bitten dich ...

- Für Menschen auf der Suche nach Lebenskraft, Freundlichkeit und Liebe – vor allem für Einsame und Verzweifelte, die sich als Fremdlinge unter uns fühlen und nicht wissen, wie sie Anschluß und gute Gemeinschaft finden sollen. Wir bitten dich ...

- Für alle, die sich gern und mit großer Meisterschaft im Reich der Zahlen aufhalten; für Menschen, denen Wissenschaft und Technik zu Lebensaufgaben geworden sind; für alle, die zukünftige Entwicklungen bestimmen und mitgestalten. Wir bitten dich ...

Heinz-Georg Surmund

Ins Dunkel beten

Situation

Tod einer 74jährigen Frau

Die Frau war lange ans Bett gefesselt. Ich habe sie monatlich besucht, um ihr die Krankenkommunion zu bringen, und erlebte sie als „stille Beterin".

Kinder und Enkelkinder gehören zu den sogenannten „Fernstehenden" bzw. „Kirchenfremden" unserer Gemeinde. Beim Trauerbesuch klang zwischen den Zeilen die Frage an, ob der christliche Glaube nicht Illusion und Selbstvertröstung sein könnte. Mich reizte es, diese Thematik in die Traueransprache einfließen zu lassen.

Lesungsvorschlag

Ps 63

15 Monate ist Frau N. N. ans Bett gefesselt gewesen. Eine schwere Zeit für Ihre Mutter – Ihre Schwiegermutter – Ihre Verwandte und Bekannte.

Ich kann immer weniger allein tun ... Die Kräfte lassen immer mehr nach ... Das Aufstehen wird schwerer von Mal zu Mal ... Die Hände und die Beine wollen immer weniger ...

Wissen Sie – sagte sie mir einmal: „Alt sein, das ist nicht langweilig. Jeden Tag kommt ein neues Gebrechen hinzu."

15 Monate ist Frau N. N. ans Bett gefesselt gewesen. Eine schwere Zeit auch für Sie – die Angehörigen. Alle Achtung: Sie haben Ihre Mutter und Schwiegermutter zu Hause gepflegt. Sie sollte zu Hause sterben – das war Ihr Anliegen. Mit viel Liebe und Mühe haben Sie sich um Frau N. N. bemüht.

15 Monate war Frau N. N. ans Bett gefesselt. Es ist kein Geheimnis: Sie war eine „stille Beterin". Die Verbindung mit Gott hat ihr innere Kraft geschenkt.

Als ich über ihr Leben und ihr Sterben nachgedacht habe, ist mir ein kurzer Text des verstorbenen Schriftstellers Ernst Ginsberg eingefallen. Selbst ans Bett gefesselt – kämpfend mit einer fortschreitenden Lähmung von Armen und Beinen –, findet er diese Worte:

> Ich falte
> die Hände,
> die lahmen,
> im Geist
> und bete
> ins Dunkel
> daß es zerreißt.

Genau das hat Frau N. N. getan: Sie hat ihre Hände zum Gebet gefaltet und sich mit ihrem Leiden, mit ihren Sorgen und mit ihren Klagen auf Gott hin ausgerichtet.

In ihrer Krankheit und in ihrer Gebrechlichkeit hat sie sich immer und immer wieder Gott zugewandt – diesem oft so fernen, diesem oft so geheimnisvollen Du – diesem unbegreifbaren Gott. Ja: Gott ist letztlich unbe-greif-bar. Wir können ihn nicht fassen, wir können ihn nicht greifen. Wir können ihn schon gar nicht begreifen. Es tat Frau N. N. gut, daß sie sich mit ihren innersten Nöten und Sorgen dem unbegreifbaren Gott zuwenden konnte. Was wäre, wenn wir uns nur an Menschen wenden könnten und nicht an den Urgrund allen Seins – an diesen geheimnisvollen Gott –, von dem wir kommen und zu dem wir gehen.

> Ich falte
> die Hände,
> die lahmen,
> im Geist
> und bete
> ins Dunkel
> daß es zerreißt.

Manchmal, da denke ich, wie viele heute denken: Stimmt das denn wirklich? Gibt es denn wirklich einen Gott? Oder ist unser Glaube nur Einbildung – Illusion, um die Augen vor der bitteren Wirklichkeit des Nichts zu verschließen? Ist der christliche Glaube, ist unsere Religion nur Einbildung? Beruhigung des Menschen, um besser leben zu können? Der christliche Glaube – eine Beruhigungsspritze, damit wir besser die Härten des Lebens ertragen können?

Wenn ich diese Gedanken zu Ende denke, dann kommt in mir eine tiefe Gewißheit auf: Nein – so absurd kann menschliches Leben nicht sein. Ich kann mir einfach nicht vorstellen, daß alle bekannten und unbekannten Christen und Christinnen in den letzten 2000 Jahren Illusionen nachgelaufen sind. Was ist mit einem Franz von Assisi? Was ist mit einer Mutter Teresa von Kalkutta? Was mit all denen, die aus dem Glauben Kraft, Trost und Hoffnung schöpfen konnten? Opfer von Illusionen?

Wenn Menschen sich auf Christus einlassen, dann werden sie ihn auch erfahren dürfen. Als ich gestern zum Trauerbesuch bei Ihnen gewesen bin, da kam gerade Ihr Enkel vom Schwimmkurs zurück. Stolz erzählte er: Mama, ich kann jetzt schon einmal durchs Bekken schwimmen! Schwimmen lernt man nicht, wenn man am

Beckenrand stehenbleibt. Schwimmen lernt man, wenn man ins Wasser springt und es ausprobiert. So ist es auch mit dem christlichen Glauben: Wenn ich mich traue, mit Gott eine Beziehung aufzunehmen – wenn ich den Mut aufbringe, diesen oft so geheimnisvollen und unbegreifbaren Gott mit Du anzureden –, dann wird mir die Erfahrung geschenkt: Hinter dem Schleier der sichtbaren Welt liegt verborgen das Göttliche.

> Ich falte
> die Hände,
> die lahmen,
> im Geist
> und bete
> ins Dunkel
> daß es zerreißt.

N. N. hat immer wieder vertrauensvoll ihre Hände gefaltet. Sie hat ins Dunkel hinein gebetet, und ihr ist die Erfahrung geschenkt worden, daß dieses Dunkel immer wieder aufgerissen worden ist. Ich wünsche Ihnen – den Angehörigen von Frau N. N. – und ich wünsche mir und uns allen, daß wir den Mut und das Vertrauen aufbringen, uns dem unbegreifbaren und geheimnisvollen Gott zuzuwenden. Hinter dem Schleier der sichtbaren Welt liegt verborgen das Göttliche. Unser Glaube ist keine Illusion, keine Einbildung. Glauben lernt man nur durch Tun – wie das Schwimmen.
Ich wünsche der verstorbenen Frau N. N., daß Gott jetzt im Tode alle Dunkelheit von ihr nimmt und sie leben läßt in einem strahlenden Licht – für immer und für alle Zeiten.

Fürbitten

Herr, unser Gott, wir wagen es, uns dir zuzuwenden. Wir hoffen, daß du uns hörst und daß du für uns da bist. Wir bitten dich:

– Für unsere Verstorbene N.N.: Zerreiß das Dunkel des Todes und laß sie leben in deinem strahlenden Licht für immer und für alle Zeiten.

– Für uns selbst: Gib uns den Mut, daß wir uns dir, dem unbegreifbaren und geheimnisvollen Gott, voll Vertrauen zuwenden können.

– Für alle, die heute noch sterben werden: Komm ihnen entgegen in deiner barmherzigen Liebe.

Gott: Glauben und Unglauben – Sicherheit und Zweifel – Vertrauen und Mißtrauen liegen oft eng beieinander in unserem Leben. Stärke du unser Vertrauen auf deine Hilfe – auf deinen Beistand. Darum bitten wir dich durch Christus, unseren Herrn. Amen.

Klemens Schneider

Herr, dir gehört alles

Situation

Tod eines alten Menschen nach einem langen, erfüllten Leben

Die im Alter von 83 Jahren Verstorbene hatte nach dem frühen Tod ihres Mannes den landwirtschaftlichen Betrieb übernommen und geleitet, bis der älteste Sohn die Nachfolge antreten konnte. In den letzten Jahren ihres Lebens hatten, bedingt durch Alter und Krankheit, ihre Kräfte immer mehr nachgelassen. Solange sie konnte, feierte sie den Gottesdienst ihrer Dorfgemeinde mit. Zu ihren Kindern, Enkeln und Urenkeln hatte sie eine herzliche Beziehung. Ihr Vorname war „Elisabeth".

Lesungsvorschläge

Röm 6, 3–9; Joh 10, 14–15.27–29

Beim Nachdenken über die letzten Lebensjahre unserer Verstorbenen kam mir ein Bild in Erinnerung, das ich in der Wartburg gesehen habe. Dort hat die Namenspatronin unserer Elisabeth N. als Ehefrau und Mutter und später als Witwe gelebt. Auf einem Wandgemälde ist die heilige Elisabeth in der Hauskapelle dargestellt. Während sie betet, legt sie ihren Schmuck ab, und unter dem Bild stehen ihre Worte: „Dir gehört alles".

Elisabeth N. hatte keine goldenen Armreife und wertvolle Perlenketten abzulegen. Wir wissen, daß sie auf solche Wertgegenstände keinen besonderen Wert legte. Aber sie hat manches andere abgelegt, was wohl noch viel schwerer abzugeben war. Sie hat durch Alter und Krankheit ihre Arbeitskraft verloren, und sie hat darunter gelitten, daß nun andere dort arbeiteten, wo sie einmal gestanden hatte. Eng mit diesem Verlust der Arbeitskraft verbunden war der Verlust ihrer Selbständigkeit und Unabhängigkeit. Elisabeth N. mußte verzichten auf ihre täglichen Wege durch unser Dorf und auf die damit verbundenen Begegnungen und Unterhaltungen. Und nicht zuletzt: Sie mußte in den letzten Monaten auf die regelmäßige Mitfeier der Gottesdienste verzichten – ein Verzicht, der durch die monatliche Feier der Krankenkommunion ein wenig gemildert werden konnte.

Diesen vielfachen Verzicht sollten wir nicht außer acht lassen, wenn wir davon sprechen, daß unsere Verstorbene ein „gesegnetes Alter" erreicht hat. Es waren schmerzliche Erfahrungen, und ich weiß, daß sie darunter gelitten hat.

Aber ich möchte die Behauptung wagen: Gerade wegen dieses Verzichten-Müssens war es ein gesegnetes Alter. Über all diesem Hergeben, diesem Nicht-mehr-Können, stand gleichsam das Wort: „Jeder Abschied ist ein Stück Sterben." In den vielen Abschieden von Menschen, von Gewohnheiten, von liebgewordenen Tätigkeiten und Begegnungen hat Elisabeth N. das Sterben gelernt. Durch den vielfachen Verzicht, den ihr das Alter auferlegt hat, war sie vorbereitet auf den größten und schwersten Verzicht, den es noch zu leisten galt: den Verzicht auf das eigene Leben.

Frau N. war ein gläubiger Mensch. Und deshalb dürfen wir sagen: Diesen Verzicht hat sie in christlicher Hoffnung geleistet, in der Hoffnung auf die Erfüllung des Satzes, den sie unzählige Male gesprochen hat: „Ich glaube an die Auferstehung der Toten und das ewige Leben." Sie hat in diesem Glauben Trost gefunden, als ihr Mann vor vielen Jahren starb, und sie hat in diesem Glauben darauf gehofft, im ewigen Leben mit ihm auf neue Weise verbunden zu sein.

Der Glaube an Christus, den Auferstandenen, hat unserer Verstorbenen Hoffnung geschenkt. Darin hat sie die Kraft gefunden, zu allem Verlieren-Müssen und Verzichten-Müssen „ja" zu sagen. Wie sie dürfen wir darauf hoffen, daß der Tod nicht Ende ist, sondern Vollendung bedeutet. Wie Frau N. dürfen wir daran glauben, daß Gott uns im Verzicht Gewinn schenken wird.

„Wie Christus durch die Herrlichkeit des Vaters von den Toten auferweckt wurde, so sollen auch wir als neue Menschen leben ... Sind wir nun mit Christus gestorben, so glauben wir, daß wir auch mit ihm leben werden" – so hat der Apostel Paulus diesen Glauben ausgedrückt. In dieser gläubigen Zuversicht hat Elisabeth N. gelebt und gelitten.

In diesem Glauben ist sie gestorben, und zu unserer Erinnerung an sie gehört das Beispiel, das sie uns damit gegeben hat. Ihr Leben, Leiden und Sterben war geprägt von gläubiger Hoffnung. Nehmen wir den Dank für dieses Vorbild mit in diese Feier vom Tod und von der Auferstehung Jesu. Nehmen wir ihr Beispiel mit auf den Lebensweg, der vor uns liegt.

Wer an Christus glaubt, sagt im Leben und im Sterben: „Herr, dir gehört alles." Und ihm gilt die Zusage: „Du wirst niemals zugrunde gehen, auch nicht im Tod. Niemand, auch nicht der Tod, wird dich meiner Hand entreißen."

Fürbitten

Jesus Christus ist von den Toten auferstanden. In diesem Glauben beten wir: Christus, höre uns ...

– Für unsere Verstorbene Elisabeth N.: Schenke ihr im ewigen Leben die Erfüllung ihrer Hoffnung. Christus, höre uns ...

– Für alle, denen es schwerfällt, die Last ihres Alters zu tragen. Christus, höre uns ...
– Für alle Getauften, die nicht mehr glauben können. Christus, höre uns ...

Herr, deine Liebe steht über unserem Leben und über unserem Sterben. Wir danken dir heute und in Ewigkeit. Amen.

Heribert Brendt

Menschenwürdiges Sterben

Situation

Tod einer 50jährigen Frau nach langem Leiden

Ein halbes Jahr vor ihrem Tod erfuhr die Kranke, kaum 50 Jahre alt, daß sie unheilbar erkrankt sei und mögliche Therapien wenig erfolgversprechend seien. Die Witwe unterzog sich, mit Rücksicht auf ihre Kinder, dennoch einer schmerzhaften Behandlung, bereitete sich und ihre Kinder zugleich auf ihren Tod vor und ordnete ihre Sachen. Sie starb nach einem schweren Todeskampf, den ihre Kinder begleiteten.

Lesungsvorschläge

Röm 8, 18–20.28–30; Ijob 19, 25.26

Ansprache

Auch für einen Priester, der oft mit Sterbenden zu tun hat und ständig mit dem Tod von Menschen konfrontiert wird, ist jedes Sterben und jeder Tod einmalig. Aber nicht nur der Priester, wir alle werden durch den Tod, besonders durch diesen Tod, herausgefordert. Viele Menschen sterben heute schwerer als früher, weil ihnen der Tod so fremd geworden ist. Er wird mit vielen Tricks aus unserem Leben verdrängt. Viele erwarten ihren Tod erst jenseits von siebzig oder gar achtzig Jahren; und wenn es dann soweit ist, dann soll es schnell und schmerzlos gehen. Alles andere wird als unmenschlich empfunden. Mit unserer Schwester haben wir erfahren dürfen, wie selbst noch unter langem Leiden ein menschenwürdiges Sterben und ein christlicher Tod aussehen kann.

Wenn ein Mensch stirbt, den wir geliebt oder den wir gut gekannt haben, dann können wir nicht mehr ausweichen, dann müssen wir den Tod akzeptieren, wie er gekommen ist; wir sind direkt betroffen: Unsere Mitschwester ist nach unserem Ermessen zu früh gestorben, und sie hatte keinen leichten Tod. War er deswegen unmenschlich? Unsere Schwester ist bewußt gestorben. Als der Arzt ganz offen die Schwere ihrer Krankheit enthüllte, hat sie ihre irdischen Angelegenheiten geordnet. Und obwohl sie dann mit allen Kräften den Kampf gegen den Tod aufnahm, hat sie über ihr Sterben und über den Tod sprechen können. Es war ein schwerer, ein bitterer, am Schluß ein aussichtsloser Kampf: das wissen alle, die sie über die schlimmen Tage und Nächte begleitet haben. Es war ein Kampf mit der Hoffnung und der Medizin gegen den Tod; und doch war nie eine Trostlosigkeit oder eine Verzweiflung in diesem Kampf. Der Glaube, daß Gott hinter allem steht, war wie ein Lichtstrahl im abgedunkelten Krankenzimmer. Freilich blieb da immer die Frage, warum Gott ein solches Leid zuläßt. Das schwere Leiden einer guten Christin? Wir wußten, wir wissen darauf keine Antwort, vor allem, wenn wir Leid und Schmerz als eine Strafe Gottes betrachten. Wir werden unsere Fragen Gott stellen müssen; auch wenn wir davon überzeugt sind, „daß die Leiden der gegenwärtigen Zeit nichts bedeuten im Vergleich zu der Herrlichkeit, die an uns offenbar werden soll" (Röm 8, 18).

Gerade wegen ihres bewußten Sterbens hat diese Stunde etwas Tröstliches. Heute ist nichts von dem Widerspruch zu erkennen, der bei solchen Abschiedsfeiern oft zu spüren ist: Wenn der Sterbende abgeschoben und mit sich und seinem Tode allein gelassen wurde, dann wird die Trauerfeier mehr zu einer Veranstaltung des schlechten Gewissens als eines hoffnungsvollen Abschieds.

Unsere Schwester durfte „an der Hand eines lieben Angehörigen sterben und nicht am Tropf der Infusion". Viele, die heute in Schmerz und Trauer Abschied von ihr nehmen, haben ein Recht dazu, weil sie nicht nur ihr Leben, sondern auch das Sterben mit ihrer Liebe und ihrer Fürsorge begleitet haben.

Das Sterben und der Tod unserer Schwester ist wie ein Aufruf an uns alle, in unserer Umgebung für ein menschliches Sterben Sorge zu tragen, und das bedeutet: medizinische Versorgung und Beherrschung des Schmerzes, fürsorgliche Pflege und persönliche Zuwendung, schließlich auch das vertrauensvolle Zulassen des Todes.

So danken wir in dieser Stunde nicht nur unserer Mitschwester für ihr Leben, sie dankt auch uns, daß wir mit ihr zusammen ein menschliches Sterben möglich gemacht haben, und sie fordert uns auf, dafür zu sorgen, daß möglichst viele Menschen so erlöst und befreit sterben dürfen. Es ist das letzte Zeichen der Nächstenliebe, das uns möglich ist. Dann erfüllt sich trotz allen Leids und menschlichen Elends das Wort: „Wir wissen, daß Gott bei denen, die ihn lieben, alles zum Guten führt" (Röm 8, 28).

Fürbitten

Wir beten zu Gott, unserem Vater, der durch seinen Sohn unser menschliches Leid mitträgt:

- Für unsere Schwester, die das Todesleid durch ihren Glauben überwunden hat, daß sie jetzt in der Freude des Himmels leben darf ...
- Für alle, die mit einer schweren Krankheit geschlagen sind, daß sie das Vertrauen in Gott nicht verlieren ...
- Für uns selbst, daß wir Leid und Tod nicht nur als eine Bedrohung empfinden, sondern als eine Chance zur Reife und zur Vollendung ...
- Für alle, die durch Leid verbittert worden sind, daß sie sich durch unser Mitleiden öffnen lassen ...

Roland Breitenbach

„Kommt frühstücken!" [*]

Situation

Tod eines alten Mannes, Hobbyfischer

Das Ehepaar N. war erst kürzlich in unsere Gemeinde umgezogen. Die Zeit hatte nicht gereicht, um bereits im neuen Stadtviertel Wurzeln zu schlagen. Auch in der neuen Umgebung waren sie ihrer Gewohnheit treu geblieben, gelegentlich sonntags zur Kirche zu gehen.

Nach dem Tod von Herrn N. (79 Jahre) zeigte sich in Gesprächen im Trauerhaus, daß die Kinder und deren Angehörige zunächst mit gemischten Gefühlen der kirchlichen Bestattung gegenüberstanden. Als sich aber bei der gemeinsamen näheren Planung des Gottesdienstes abzeichnete, daß die ausgewählte Lesung aus dem Johannesevangelium nicht nur aus einer lang vergangenen Zeit sprach, sondern auch in dieser Abschiedssituation etwas zu sagen hatte, kam es zu einer Annäherung, die das anfängliche befremdliche Gefühl zurücktreten ließ.

Lesungsvorschlag

Joh 21, 1–14

Ansprache

Diese biblische Geschichte läßt eine Atmosphäre entstehen, sie skizziert eine Umgebung, die für Herrn N. vertraut war, in der er sich gern aufhielt. Das Evangelium erzählt von einer Erscheinung Jesu nach seinem Tod beim See von Tiberias. Wir brauchen den Schauplatz der Begegnung nicht mit eigenen Augen gesehen zu haben, um uns vorstellen zu können, wie es dort aussah. Nicht weit von hier liegt die Loosdrechtse Seenplatte – ein Ort, wo sich

---

[*] Diese Überschrift greift den Text der niederländischen Willibrordübersetzung von Joh 21, 12 auf: „Komt ontbijten" („Kommt frühstücken"). Die Einheitsübersetzung verdeutscht: „Kommt her und eßt!"

Herr N. oft und gern aufhielt. Er war nämlich, wie die ersten Jünger Jesu, Fischer. Er kannte die Stellen, die einen guten Fang versprachen, er wußte, was man alles beachten mußte, mit welchem Angelhaken, mit welchem Köder das beste Resultat erzielt werden konnte. Das beste Resultat erzielen – das bedeutete ihm viel. Nicht nur, wenn er fischte, sondern auch in seinem Beruf als Werkzeugmacher, in der Sorge für seine Familie. Nicht nur vor sich selbst wollte er gut sein, bestehen können; gern versuchte er auch, das, was ihm am Herzen lag, für andere nachvollziehbar und zugänglich zu machen. Andere einbeziehen – dieses Grundanliegen veranlaßte ihn zur Mitarbeit – in der Nachbarschaft, in Betriebsgruppen und Vereinen. Sehr bewußt konnte und wollte Herr N. sein Leben abschließen; auch hierin versuchte er sich mitzuteilen, und er machte deutlich, daß er zufrieden und dankbar Abschied nehmen wollte – auch wenn es ihm nicht leichtfiel, das Ende zu akzeptieren, das unaufhaltsam näherrückte.

Das Lebensnetz von Herrn N. war am Ende seiner Jahre gut gefüllt – natürlich bin ich heute morgen nicht imstande, es einzuholen und an Land zu ziehen. Aber ich hoffe doch, daß einige wenige Andeutungen genügen, um Menschen, die Herrn N. gut gekannt haben, viele Begegnungen, Gespräche und gemeinsame Erfahrungen in Erinnerung zu rufen. Alle Menschen, die hier heute Abschied nehmen, zeigen damit, daß Herr N. Teil eines Netzwerkes war, das er selbst mit aufgebaut und instand gehalten hat. Daß dieses Netz von Beziehungen leistungsfähig, daß es belastbar ist und viel aufnehmen kann – dies haben wir auch ihm zu danken.

Wenn wir unsere letzte Reise beginnen, wenn wir das Lebensboot unseres irdischen Daseins verlassen – dürfen wir hoffen, daß eine Küste uns erwartet, ein Strand und fester Grund, ein Willkommen und, nachdem der Abend unseres Lebens vergangen ist, ein Morgen aufgeht?

Herr N. hat kurz vor seinem Tod noch einmal über eine Erfahrung gesprochen, die er vor mehr als fünfzig Jahren machte – eine Erfahrung, die so selig und so tief war, daß er daraus jetzt noch Kraft für seine letzte Reise schöpfen konnte. Nach einem Motorradunfall war er damals, als junger Mann, nicht mehr weit von der

Grenze zwischen Leben und Tod entfernt, die er jetzt hinter sich gelassen hat. Damals hatte er den Übergang beinahe schon vollzogen. Es war, erzählte er, als ob ich durch einen dunklen Tunnel ging. Aber dann sah ich ein ganz großes Licht, so schön! Ich fühlte keinen Schmerz mehr, nur noch Glück, Freude und Frieden.

Die Fischer am See von Tiberias sind überwältigt – nicht so sehr durch die hundertdreiundfünfzig Fische in ihrem Netz, nicht durch den unerwartet großen Fang. Sie sind überwältigt, weil sie entdecken: Unser Freund Jesus, der durch die Nacht des Todes gegangen ist, ist nicht in der Finsternis verschwunden. Er hat den Morgen erreicht, er ist angekommen, er erwartet uns – es ist eine Küste von Licht, wo er steht und uns einlädt: „Kommt frühstücken!" „Kommt frühstücken" – denn jetzt beginnt es erst – ein Anfang, der die Tür öffnet zu Glück, Freude und Friede, zu Leben in Fülle.

Wir hoffen, daß Herr N. durch die Nacht des Todes auf einen Morgen zugegangen ist, der ganz neu und ganz anders ist als alle Morgen, die er hier erlebt hat. Wir hoffen, daß das unaussprechlich schöne Licht ihn erwartet – nicht als vorbeihuschender Blitz, sondern als bleibende, unbegrenzte Offenheit, die ihn auf immer willkommen heißt und aufnimmt.

Fürbitten

- Für diejenigen unter uns, denen es Mühe macht, daß es schon Abend geworden ist in ihrem Leben. Für alle, die keine Möglichkeit haben oder sehen, über das näherrückende Ende ihres Lebens zu sprechen. Wir bitten dich ...
- Für das mitmenschliche, soziale Netzwerk, dessen Teile wir sind, zu dem wir beitragen, von dem wir uns tragen lassen dürfen; aber auch für alle Menschen, die diesen Halt, diesen Zusammenhalt vermissen und das Gefühl haben, abzustürzen und im Bodenlosen unterzugehen. Wir bitten dich ...
- Für alle Menschen, die an der Grenze zwischen Leben und Tod stehen und Ausschau halten, ob uns noch ein Morgen aufgeht,
- wenn unsere Augen für immer geschlossen wurden. Wir bitten dich ...

– Für alle unter uns, in denen ein Stück Lebenskraft unseres Verstorbenen fortlebt und sich weiter auswirkt. Für diejenigen, die nach uns kommen und hoffen, daß unser Tun und Lassen ihnen Zukunft eröffnet. Wir bitten dich ...

Heinz-Georg Surmund

„Wer glaubt, hat das ewige Leben"

Situation

Tod einer alten Frau nach einem langen, erfüllten Leben

Die Verstorbene ist 84 Jahre alt geworden. Bis zum Ende ihres Lebens hat sie im Kreis der großen Familie, sie hatte fünf Kinder, gelebt; auch mit den Geschwistern war sie bis zum Lebensende eng verbunden. Die letzten Monate waren von Krankheit überschattet. Sie hat die Schmerzen, das Nachlassen der geistigen und körperlichen Kräfte zum Teil als belastend erlebt und erlitten, aber durch die Nähe und Anteilnahme der Familienangehörigen Schritt für Schritt mit dem Leben abschließen können, um sich ganz in die Hände Gottes fallen zu lassen.
Die Verstorbene wußte sich getragen von einem tief verwurzelten Glauben an einen liebenden Gott. Er war für sie eine lebendige Erfahrung. Dieses Vertrauen hat ihr Leben im Umgang mit den Kindern und Kindeskindern und anderen Menschen in ihrer Umgebung geprägt.
Mit großer Selbstverständlichkeit hat sie ihre Kräfte und Fähigkeiten in den Dienst ihrer Mitmenschen gestellt.

Lesungsvorschläge

2 Kor 5, 1.6–9; Joh 6, 37–40.47

Ansprache

Ich hoffe, wir alle hier leben gern; auch Frau N. hat gern gelebt, das weiß ich. Sie hat ihr Leben eingesetzt mit all ihren Kräften und Fähigkeiten für alle, die ihr anvertraut waren, und die vielen, denen sie Anteil an ihrem Leben gegeben hat.

Dies war begründet in einem unerschütterlichen Glauben an Gott, der mich in den vielen Begegnungen mit ihr staunen ließ. Ihr Leben erinnert mich an das Märchen der Gebrüder Grimm: Der Tod und der Gänsehirt. Ich erzähle es Ihnen an diesem Tag der Trauer und des Abschiednehmens, weil ich glaube, daß wir darin viele Seiten ihres Lebens entdecken können.

Einmal kam der Tod über den Fluß, wo die Welt beginnt. Dort lebte ein armer Hirt, der eine Herde weißer Gänse hütete. „Du weißt, wer ich bin, Kamerad?" fragte der Tod. „Ich weiß, du bist der Tod. Ich habe dich auf der anderen Seite hinter dem Fluß oft gesehen." „Du weißt, daß ich hier bin, um dich zu holen und dich mitzunehmen auf die andere Seite des Flusses." „Ich weiß. Aber das wird noch lange sein." „Oder wird nicht lange sein. Sag, fürchtest du dich nicht?" „Nein", sagte der Hirt. „Ich habe immer über den Fluß geschaut, seit ich hier bin, ich weiß, wie es dort ist." „Gibt es nichts, was du mitnehmen möchtest?"

„Nichts, denn ich habe nichts." „Nichts, worauf du hier noch wartest?" „Nichts, denn ich warte auf nichts."

„Dann werde ich jetzt weitergehen und dich auf dem Rückweg holen. Brauchst du noch etwas, wünschst du dir noch was?"

„Brauche nichts, hab' alles", sagte der Hirt. „Ich habe eine Hose und ein Hemd und ein Paar Winterschuhe und eine Mütze. Ich kann Flöte spielen, das macht mich lustig. Meine Gänse verstehen nicht viel von Musik."

Als dann der Tod nach langer Zeit wiederkam, gingen viele hinter ihm her, die er mitgebracht hatte, um sie über den Fluß zu führen. Da war ein Reicher dabei, ein Geizhals, der zeit seines Lebens wertvolles und wertloses Zeug an sich gerafft hatte: Klamotten, auch Gold und Aktien und fünf Häuser mit etlichen Etagen.

Der Mann jammerte und zeterte: „Noch fünf Jahre, nur noch fünf Jahre hätte ich gebraucht, und ich hätte noch fünf Häuser mehr gehabt. So ein Unglück, so ein Unglück, verfluchtes!" Das war schlimm für ihn. Ein Rennfahrer war unter ihnen, der zeit seines Lebens trainiert hatte, um den großen Preis zu gewinnen. Fünf Minuten hätte er noch gebraucht bis zum Sieg. Da erwischte ihn der Tod. Ein schönes Fräulein war dabei mit langen Haaren. Und viele Reiche, die jetzt nichts mehr besaßen, und noch mehr Arme, die jetzt auch nicht das besaßen, was sie gerne hätten haben wollen.

Ein alter Mann war freiwillig mitgegangen. Aber auch er war nicht froh, denn siebzig Jahre waren vergangen, ohne daß er das bekommen hatte, was er hatte haben wollen. Schlimm für sie alle.

Als sie an den Fluß kamen, wo die Welt aufhört, saß dort der Hirt. Und als der Tod ihm die Hand auf die Schulter legte, stand er auf, ging mit über den Fluß, als wäre nichts, und die andere Seite hinter dem Fluß war ihm nicht fremd. Er hatte Zeit genug gehabt, hinüberzuschauen, er kannte sich aus, und die Töne waren noch da, die er immer auf der Flöte gespielt hatte; er war sehr fröhlich. Das war schön für ihn. Was mit den Gänsen geschah? Ein neuer Hirte kam.
(Aus: Janosch erzählt Grimms Märchen, Beltz Verlag Weinheim und Basel 1971 und 1991, Programm Beltz & Gelberg, Weinheim)

Auch Frau N. hat viel Zeit gehabt, „hinüberzuschauen"; Gott hat ihr ein langes und erfülltes Leben geschenkt. Es war nicht immer einfach gewesen. Sie mußte mehrmals Abschied nehmen von lieben Menschen; Krankheit und Not in der Familie und woanders hat sie erlebt und erlitten. Aber sie freute sich über alles, was sie im Alter noch tun konnte, und erlebte jeden Tag sehr bewußt.

Sie hat das Sterben nicht als Verlust erlebt, sondern im Geist Jesu geglaubt, daß ihr Leben letztlich nicht verlorengeht.

Über die Menschen, die wie im Märchen weinen und wehklagen über all das, was sie verpaßt oder nicht erreicht haben, konnte sie lächeln.

Bei aller Trauer über ihren Tod, den ich in keiner Weise übersehen will, haben wir aber in diesem Gottesdienst Grund, dankbar zu sein. Frau N. hat durch ihr liebenswertes Wesen, durch ihre Geduld, ihre Anteilnahme, ihren Glauben uns allen ein Beispiel gegeben.

Ich bin überzeugt, sie wird uns in wacher Erinnerung bleiben; und alle, denen sie nahesteht, werden spüren, wie sehr sie aus ihrem Leben Ermutigung und Lebensperspektive gewinnen.

„Es ist aber der Wille dessen, der mich gesandt hat, daß ich keinen von denen, die er mir gegeben hat, zugrunde gehen lasse, sondern daß ich sie auferwecke am Letzten Tag" (Joh 6, 39), verheißt uns Jesus. Unsere Mitchristin, Frau N., hat daran geglaubt. Mit unserem Gebet begleiten wir sie jetzt auf dem Weg zur ewigen Herrlichkeit.

Fürbitten

- Wir trauern um unsere Mitchristin N. N. und sind dankbar für ihr Leben. – Schenke ihr ewiges Leben.
  Herr, erhöre uns.
- Abschiednehmen ist sehr schwer; aber unser Herz ist voller Dankbarkeit für alles, was uns Frau N. gegeben hat. – Schenke ihr ewiges Leben.
  Herr, erhöre uns.
- Viele Menschen erfahren das Leben als sinnlos und leer; oft klammern sie sich an Dinge und haben keine Hoffnung. – Schenke ihnen Mitmenschen, die ihnen deine Lebensperspektive zeigen.
  Herr, erhöre uns.
- Viele Christen glauben nicht an ein Weiterleben nach dem Tod. – Schenke ihnen glaubwürdige Zeugen deiner Botschaft.
  Herr, erhöre uns.

Klaus-Peter Giersch

Weil wir lieben

Situation

Tod einer alten Witwe mit großer Familie

Tod einer 86jährigen Witwe, die kurze Zeit von ihren Kindern abwechselnd gepflegt wurde. Auffallend war der schöne Zusammenhalt der Kinder und Enkel. Die Verstorbene war der Mittelpunkt einer großen Familie. Ich habe sie leider nicht kennengelernt.

Lesungsvorschlag

1 Joh 3, 1–2.14–16.18

Ansprache

In einem Augenblick wie diesem sollte man am besten schweigen, denn alles, was jetzt gesagt wird, kann noch mehr weh tun, kann verletzen oder einfach an der Situation, in der Sie jetzt hier sind, vorbeireden. Das liegt daran, weil ab jetzt ein Platz leer bleibt, weil Ihre Mutter, Ihre Großmutter jetzt nicht mehr zum Fenster hinausschaut, weil sie gegangen ist, sie, mit der man seit so langer Zeit selbstverständlich zusammen war. Vielleicht werden Sie, liebe Angehörige, die Sie Frau N. N. zuletzt gepflegt haben, auch ein bißchen Erleichterung verspüren über den schmerzlosen Heimgang, aber sicher spüren Sie noch mehr, wie sehr Sie sie vermissen, die kleinen Eigenarten, die Art, über das Leben nachzudenken, die besondere Art von Humor. Frau N. N. hat es wie viele dieser Generation nicht leicht gehabt. Das Erlebnis von zwei schrecklichen Kriegen, der Partner an der Front, die Sorge für ihre Kinder in schlechten Zeiten. Wenn man im Leben überhaupt von Lohn reden kann, dann nur in der Weise, daß Frau N. N. im Alter nicht allein sein mußte, daß sie für die Sorge um die Kinder durch deren Sorge für sie selbst belohnt wurde. Und dieses gute Miteinander macht es Ihnen, liebe Angehörige, jetzt schwer. Sie müssen ganz schmerzlich erfahren, was es heißt, jemanden gehen zu lassen, Abschied zu nehmen, ein letztes Anschauen, eine letzte Berührung, die Erinnerung an ein letztes Gespräch. Das ist sehr hart, und im Grunde kann Ihnen niemand über diese Erfahrung hinweghelfen. Aber Sie werden auch spüren, daß Ihre Mutter, Ihre Großmutter zwar gegangen ist und Sie scheinbar allein zurückgelassen hat, aber daß sie dennoch da ist, in Ihrem Bewußtsein, in Ihren Erinnerungen, daß sie weiterlebt in Ihrem Gefühl. Und ich möchte Ihnen sagen, Ihr Gefühl trügt sie da nicht. Sie können auf Ihre innere Stimme vertrauen, denn bestätigt sie nicht das, was uns in der eben gehörten Lesung aus dem Johannesbrief zugesagt wurde: „Wir wissen", so sagt Johannes, „wir wissen, daß wir schon jetzt aus dem Tod in das Leben hinübergegangen sind, weil wir die Brüder lieben; wer nicht liebt, bleibt im Tod." Sie sehen: vom Tod zum Leben hinübergehen – das ist nicht ein Ereignis nach unserem Leben, nein, das kann jetzt schon hier beginnen. Sie waren mit der Verstorbenen auf dem Weg. Das hat ihr das Abschiednehmen vielleicht erleichtert. Es wird ihr jetzt gut gehen, da bin ich mir sicher. Sie hat bereits in ihrem Leben ein wenig dieser ewigen Liebe erfahren dürfen und diese Liebe auch weitergegeben an Sie und ging so schon vom Tod zum Leben, sie bekam einen Vorgeschmack von Auferstehung. Jetzt erlebt sie diese Auferstehung ins neue Leben ganz. Darauf können wir hoffen, und darum wollen wir jetzt beten. Amen.

Fürbitten

Herr, unser Gott, du hast Jesus Christus von den Toten auferweckt und uns in ihm ein Zeichen deines Lebens geschenkt. Deshalb wenden wir uns vertrauensvoll an dich und bitten dich:

- Gütiger Gott, sieh auf all das Gute, das Frau N. N. hier unter uns getan hat, und verzeihe ihr alle Schuld dieses Lebens.
- Führe sie aus dieser vergänglichen Welt in deine Herrlichkeit, wo es keine Trauer, keine Schmerzen und keinen Tod mehr gibt.

Herr, unser Gott, in der Auferweckung Jesu Christi hast du uns gezeigt, daß du kein Gott der Toten, sondern der Lebenden bist.

Höre unsere Bitten und bleibe bei uns durch Jesus Christus, unseren Herrn. Amen.

Dorothea Maiwald

Unsere Tage zu zählen, lehre uns

Situation

Tod eines Firmenbesitzers

Er ist 67 Jahre alt geworden. Die Angehörigen begegnen mir beim Trauerbesuch mit vornehmer Distanziertheit. Betroffenheit und Trauer über den Verlust des Ehemanns und Vaters kann ich nicht feststellen. Das einzige persönliche Bekenntnis beim Trauerbesuch lautet so: „Kirche – damit haben wir's nicht so. Wir müssen uns um das kümmern, was täglich so auf uns einstürmt." Am Ende des Trauergespräches spricht die Ehefrau des Verstorbenen den Wunsch aus: „Bitte keine persönlichen Worte in der Ansprache. Das wollen wir nicht." Zu der Beerdigung wird – neben der relativ kleinen Verwandtschaft – eine große Zahl von Geschäftspartnern des Verstorbenen erwartet.

Lesungsvorschlag

Phil 3, 20–21

Ansprache

Wir müssen heute Abschied nehmen von Ihrem verstorbenen Ehemann und Vater, von Ihrem Verwandten und Bekannten N. N.
Es wird Sie erstaunen, wenn ich Ihnen an dieser Stelle von einem Film erzählen möchte, der in den letzten Wochen und Monaten in unseren Kinos gelaufen ist und der viele Menschen nachdenklich gemacht hat.

Der Club der toten Dichter – so heißt dieser Film. Ort der Handlung ist die Internatsschule Welton. Hierher schicken betuchte Amerikaner ihre Sprößlinge, um sie für ein Studium an einer Elite-Universität schulen zu lassen. Tradition – Ehre – Disziplin – Leistung: das sind die Säulen dieser Schule.

Wir haben das Jahr 1958. Das Schuljahr beginnt wie üblich. Nur ein neuer Englischlehrer ist da: Mr. Keating, vor Jahren selbst ein erfolgreicher Absolvent der Welton-Akademie. Der Unterricht von Mr. Keating ist ungewöhnlich. Er fordert nicht Anpassung – Unterwerfung – Auswendiglernen. Er fordert Selbstdenken und den Mut, eine eigene Meinung zu haben und sie auch zu vertreten. Mr. Keating ermutigt seine Schüler dazu, das eigene Leben zu gestalten, die Lebenszeit zu nutzen.

Er bringt seinen Schülern bei: „Nutze den Tag – weil wir Frühjahr, Sommer und Herbst nur in begrenzter Anzahl erleben werden. Es ist kaum zu glauben, aber eines Tages wird jeder einzelne von uns aufhören zu atmen, wird erkalten und sterben.“

Mir gehen diese Worte nach: den Tag nutzen, das Leben nutzen – weil unsere Lebenszeit begrenzt ist. Es hilft zu unserem Lebensglück, wenn wir die Gedanken an den eigenen Tod nicht aus unserem Leben verdrängen.

Unser irdisches Leben ist begrenzt: Der Tod kommt – früher oder später – todsicher! Indem wir uns dies bewußtmachen, kann uns deutlich werden, wie kostbar unser Leben ist. In einem alten Gebet heißt es: Unsere Tage zu zählen, lehre uns. Dann gewinnen wir ein weises Herz (Ps 90, 12).

Eigenartig: Wir wissen alle, daß wir eines Tages sterben werden, aber wir glauben es nicht. Unsere Tage zu zählen, lehre uns. Dann gewinnen wir ein weises Herz! Erkennen, wie kostbar unsere Lebenszeit ist. Und weil sie so kostbar ist, ist es wichtig, sie zu nutzen und zu gestalten. Unsere Tage zu zählen, lehre uns. Dann gewinnen wir ein weises Herz.

„Nutze den Tag ... Weil wir Frühjahr, Sommer und Herbst nur in begrenzter Anzahl erleben werden. Es ist kaum zu glauben, aber eines Tages wird jeder von uns aufhören zu atmen, wird erkalten und sterben.“

Zurück zum Film: Mr. Keating kann viele Schüler bewegen, ihr Leben zu gestalten, aus ihrem Leben etwas zu machen.

Einige Schüler wachsen über sich selbst hinaus und werden starke Persönlichkeiten. Nur Neil Perry nicht. Seine Geschichte endet tödlich. Spannungen mit dem Vater treiben ihn in den Tod.

Das Schicksal von Neil Perry erinnert mich daran, daß nicht alle unsere Lebenspläne gelingen – daß nicht alles glückt, was wir uns vornehmen. Es erinnert mich daran, daß es in unserem Leben Bruchstücke gibt – Scherben – Unerledigtes – und auch Zerbrochenes.

Die christliche Botschaft sagt mir: Gott allein kann unser bruchstückhaftes Leben zur Vollendung führen.

Tröstlich: Ich muß nicht perfekt sein – es muß mir nicht alles gelingen in meinem Leben – ich kann und darf mit den Bruchstücken meines Lebens weiterleben – gelassen und ohne Druck.

„Nutze den Tag ... Weil wir Frühjahr, Sommer und Herbst nur in begrenzter Anzahl erleben werden. Es ist kaum zu glauben, aber eines Tages wird jeder von uns aufhören zu atmen, wird erkalten und sterben."

Ich weiß nicht, wie der Verstorbene N. N. seine Lebenstage gestaltet hat – privat und beruflich. Ich weiß aber, wie wichtig es ist, daß wir nicht in den Tag hineinleben, sondern uns immer wieder bewußtmachen: Unser Leben ist kostbar, weil es begrenzt ist. Unsere Tage zu zählen, lehre uns. Dann gewinnen wir ein weises Herz.

Gott will unser Leben vollenden. Darum können wir ganz ruhig sein und brauchen keine Angst haben, wenn wir das Bruchstückhafte unseres Lebens erkennen.

Ich hoffe darauf, daß der zeitlose Gott unseren Verstorbenen N. N. bei sich aufnimmt und ihm Frieden schenkt für alle Zeiten. Ich baue darauf, daß er das Leben unseres Verstorbenen zur Vollendung bringen wird.

Fürbitten

Wir sehnen uns, dem Verfall zu entgehen und nicht sterben zu müssen. Gott allein ist der Vergänglichkeit nicht unterworfen und gibt auch uns Anteil an seinem unvergänglichen Leben. Ihm vertrauen wir uns an:

- Die irdische Lebenszeit von N. N. ist beendet. Schenke ihm in deinem Reich Frieden und Freude für alle Zeiten.
- Unsere eigene Lebenszeit ist begrenzt. Laß uns erkennen, wie kostbar die Zeit ist, die du uns geschenkt hast.
- Menschliches Leben ist und bleibt bruchstückhaft. Vollende du das Leben unseres verstorbenen N. N., vollende aber auch einmal unser eigenes Leben.

Gott, dir wollen wir unser Vertrauen schenken, an dir wollen wir festhalten, jetzt und in Ewigkeit. Amen.

Klemens Schneider

„Zum Paradies mögen Engel dich geleiten ..."

Situation

Tod einer 84jährigen Frau

Tod einer 84jährigen Frau, verheiratet, seit 20 Jahren Witwe, Mutter von drei Töchtern und einem Sohn. Die Frau war ca. vier Jahre bettlägerig und wurde von den drei Töchtern abwechselnd gepflegt. Die Pflege gestaltete sich zunehmend anstrengender, was ich während meines regelmäßigen Besuchs bei der Krankenkommunion mitbekam.

Lesungsvorschlag

Lk 23, 33.39–43

„Zum Paradies mögen Engel dich geleiten, die heiligen Märtyrer dich begrüßen und dich führen in die heilige Stadt Jerusalem" – an dieses alte Lied mußte ich unwillkürlich denken, als Sie mir gestern vom Heimgang Ihrer lieben Mutter erzählten. Wir wissen alle, es war seit Jahren kein leichtes Leben mehr für N. N. So lange ans Bett gefesselt, jede Berührung mit Schmerzen verbunden, mancher Tag, der einfach nicht zu Ende ging, und manchmal die bange Frage: Wie lang denn noch? Dann langsam das zurückgehende Bewußtsein, die bange Frage für Sie, die Angehörigen, wieviel bekommt sie denn eigentlich noch mit und ob nicht der Tod für alle die Erlösung wäre. Schlimme, schwere Tage und Wochen liegen hinter Ihnen, eine Zeit, von der man eigentlich nicht weiß, wie man sie gemeistert hat, und nur wenn man zufällig in den Spiegel schaut, dann sieht man, daß es nicht spurlos an einem vorübergegangen ist. Und in dem Zusammenhang ist mir das alte Lied eingefallen: „Zum Paradies mögen Engel dich geleiten ..." Diesen schönen Wunsch habe ich nicht nur für unsere Verstorbene, diesen Wunsch habe ich ein bißchen auch für Sie, die Sie N. N. so lange begleitet und gepflegt haben, und zwar in dem Sinne, daß Sie jetzt eine Zeit haben, wo es wieder leichter geht, wo sozusagen gute Geister um Sie sind, die Ihnen aus der Schwere und der Anstrengung der letzten Tage heraushelfen und Ihnen das Leben wieder zeigen. Auch wenn Sie es noch gar nicht so recht begreifen mögen, Sie haben ein Recht darauf, und N. N., so wie wir sie von früher her kannten, würde es bestimmt auch so wollen. Und ich meine, wir brauchen uns um sie jetzt auch keine Sorgen mehr zu machen. Es wird ihr jetzt gutgehen; sie hat es geschafft. Bleibt uns nur noch für sie zu beten, daß sie nun das Leben findet in Jesus Christus, unserem Herrn. Amen.

Fürbitten

Jesus Christus hat gesagt: Ich bin es, der Auferstehung und Leben bringt. Wer mir vertraut, wird leben, auch wenn er stirbt. Und wer lebt und sich auf mich verläßt, wird niemals für ewig sterben. In dieser christlichen Hoffnung wollen wir nun die Fürbitten sprechen.

– Gütiger Gott, schenke du Frau N. N. den Dank für all das Gute, das sie hier unter uns getan hat.
– Nimm sie nun auf in deine Herrlichkeit, wo es keine Trauer, keine Klage und keine Schmerzen mehr gibt.
– Verzeihe ihr alle Schuld und gewähre ihr deine Versöhnung.
– Gib den Angehörigen Mut und Hoffnung durch deine Verheißung und laß sie das Wagnis des Lebens neu auf sich nehmen und es miteinander leben.

Gott, unser Vater, deine Tage kennen kein Ende, und dein Leben ist grenzenlos. Laß uns bedenken, wie kurz unser Leben ist, und bestärke uns im Glauben an dich. Laß uns auf deine Barmherzigkeit hoffen und bleibe mit uns auf dem Weg. Wir bitten dich darum, durch Jesus Christus, der mit dir lebt in Ewigkeit. Amen.

Dorothea Maiwald

Zur Trauer noch Enttäuschung über die Kirche

Situation

Die Angehörigen sind von Vertretern der Kirche enttäuscht

Die kirchlich geprägte Großmutter der Familie N. ist gestorben. Als vor wenigen Jahren der Großvater starb, hatte die Kirchengemeinde wegen des Priestermangels gerade die Praxis aufgegeben, für jeden Trauerfall ein eigenes Requiem vor der Beerdigung zu halten. Die Requien wurden im Dienstagsabendgottesdienst zusammengefaßt. Der damalige Pfarrer hatte sich keine Mühe gegeben, diese für die Familie enttäuschende Praxis einfühlsam zu begründen. Er hatte im Gegenteil auf wiederholte Nachfragen nach einer Ausnahme – wie die Familie mir jetzt erzählt – schroff geantwortet, „... wenn dies ihnen nicht passe, sollten sie ihren Opa doch gefälligst selbst unter die Erde bringen!" Auch in anderen Situationen, in denen Familienmitglieder im Zusammenhang mit weiteren Feiern zu „Lebenswenden" das Gespräch mit diesem Pfarrer suchten oder führen mußten, sei dies sehr enttäuschend, oft beleidigend, zumindest ohne jedes Einfühlungsvermögen verlaufen.

Diese Enttäuschung und eine Mischung aus Ablehnung, tiefer Skepsis und doch auch großer Erwartung, daß ich als jüngerer Seelsorger und Laie anders mit ihnen umgehe, schlägt mir im Gespräch emotional noch stärker entgegen als die durchaus auch spürbare Trauer um den Tod der Großmutter.

Lesungsvorschlag

Joh 15, 9–17

Ansprache

Einen lieben Menschen zu verlieren ist immer schlimm, und sein Fehlen hinterläßt eine große Leere in unserem Leben. Das gilt selbst dann, wenn dieser liebe Mensch ein hohes Alter erreicht hat und – wie man so sagt – einen guten, ruhigen und ersehnten Tod gestorben ist.

Besonders schlimm wird es für uns, wenn sich in die Gefühle von Abschied und Trauer Enttäuschung und Wut mischen, weil Menschen, Gruppierungen, Einrichtungen, von denen wir zu Recht bestimmte Haltungen und Umgangsformen erwarten, uns verletzen. In solchen Ereignissen erschweren dann Menschen geradezu unseren Prozeß des Trauerns, vergrößern unsere Traurigkeit, die sie doch eigentlich zu lindern und zu trösten einmal angetreten sind.

Daß Sie, liebe Familie N., diese verletzenden Erfahrungen wiederholt mit meiner Kirche machen mußten, tut mir sehr leid. Die Traurigkeit, die damit durch kirchliche Vertreter vergrößert, statt verkleinert wurde, macht mich betroffen.

Besonders für Ihre liebe Verstorbene – bis in den Tod eine tief religiöse Frau – wird es schwer gewesen sein, erfahren zu müssen, wie weit manchmal Ideal und Realität, Theorie und Praxis bei uns Kirchenleuten auseinanderklaffen.

Im Andenken von Frau N. N. und bewußt in der Stunde des letzten Abschiednehmens von ihr möchte ich mich förmlich im Namen meiner Kirche bei ihrer Familie für alles erlittene Unrecht und für alle verletzenden Enttäuschungen entschuldigen!

Ich bin sicher, Ihre Verstorbene lebt jetzt im vollen Glanz jenes Lichtes, von dem wir Menschen – Kirchenleitung oder Kirchenvolk – immer nur einen schwachen Abglanz liefern. Sie lebt in der Freude und Geborgenheit, von der wir auf der Erde immer nur einen kleinen Vorgeschmack erhalten.

Sie wird allerdings nicht vollkommen überrascht sein von dem himmlischen Glück, das ihr begegnet. Denn in den tiefen Augenblicken menschlichen Lebens, wo uns Liebe gelingt, wo wir tatsächlich menschliche Wärme verbreiten, wo wir unser Leben durchaus als zutiefst sinnvoll und beglückend erfahren, da entwickelt sich in uns eine ferne Ahnung vom Himmel, da kosten wir von seiner Herrlichkeit.

Diese Augenblicke hat es in Ihrem Leben miteinander ganz bestimmt gegeben. Diese Augenblicke des Glücks sind es, die am Ende Gewicht haben, die bleiben, auch über den Tod hinaus. Ich bin da ganz sicher. Die Enttäuschungen, die uns unser Leben so schwergemacht haben, werden am Ende leicht sein, sie werden zusammenschrumpfen wie der Schatten im Höchststand der Sonne. Ich möchte diesen bildhaften Gedanken allerdings nur als Trost verstanden wissen, nicht als Verharmlosung des Schmerzes und der Verletzungen!

Unsere Aufgabe als Menschen am und im Leben bleibt, einander möglichst viel eines solchen Vorgeschmacks vom Himmel zu schenken. Ich wünsche Ihnen, daß sie dies auch in der Kirche erfahren können.

Als Bibeltext möchte ich Ihnen dazu einige Worte aus dem Johannesevangelium vortragen. Sie können für all das stehen, was Sie mit Ihrer lieben Verstorbenen Gutes erfahren haben. Ich verstehe sie vor allem als die große Selbstverpflichtung der christlichen Kirche zur Liebe, an der wir uns durchaus messen lassen müßten: (Hier Joh 15, 9–17).

Fürbitten

- Wir bitten für alle vom Leben Enttäuschten, daß sie sich nicht endgültig entmutigen lassen von der Unmenschlichkeit und Lieblosigkeit, die ihnen begegnet.
- Wir bitten besonders für alle, die anderen Enttäuschungen zufügen, daß sie spüren lernen, wie sie andere verletzen, und daß sie Wege finden, sich zu ändern.
- Wir bitten für alle, die sich einmal ganz besonders in den Dienst der Botschaft Jesu Christi gestellt haben: daß sie der Verantwortung und Erwartung gerecht werden, daß sie sich die Liebe zu den Menschen als spürbaren Ausdruck der Liebe Gottes erhalten können und so immer glaubwürdigere Zeugen und Boten des Christseins werden.

Nicht mehr zu bitten brauchen wir – wie ich sicher meine – für Ihre liebe Verstorbene, die wir wohl aufgehoben wissen in der unverlierbaren Geborgenheit und Freude Gottes.

Stefan Herok

„Flagge zeigen"

Situation

Tod eines 90jährigen Fabrikanten

Der 90jährige war bis zum Schluß intensiv verbunden mit seinem Firmenimperium, galt bei seinen Arbeitnehmern als sozial. Neben dem üblichen Tariflohn zahlte er immer wieder Sondergratifikationen (z. B. anläßlich der Erstkommunion, Hochzeit oder im Todesfall von Arbeitnehmern seiner Firma).

Lesungsvorschlag

1 Joh 3, 14

Ansprache

„Es ist schwer, wenn sich des Vaters Augen schließen, zwei Hände ruh'n, die einst so treu geschafft." Mit diesen Worten haben Sie, liebe Familie N., den Tod Ihres Vaters unserer Gemeinde angezeigt.

So sind wir heute nachmittag hier versammelt, um betroffen Abschied zu nehmen von unserem verstorbenen N. N. Vor unserem inneren Auge tauchen Szenen auf, die wir festhalten möchten: bestimmte Worte, Gesten, ein bestimmtes Verhalten in einem bestimmten Moment, Gesprächsfetzen, der Platz, wo er immer gesessen hat.

Jeder von uns trägt ein Bild, trägt sein Bild des Verstorbenen im Herzen. Und jeder möge seinen Dank für das sagen, was er erfahren hat, und im Herzen und in der Erinnerung lebendig erhalten.

Ich selbst hatte Gelegenheit, den Verstorbenen und dessen Familie dreimal bei besonderen Anlässen kennenzulernen.

Das erstemal war es – fast genau vor zwei Jahren – das Fest der Diamantenen Hochzeit. Für 60 Jahre vorbildlich geführter Ehe durften wir hier, ebenfalls in dieser Kirche, Gott danken.

Das zweite Mal war ich bei Ihnen, liebe Familie N., zu Gast, als der Verstorbene seinen 90. Geburtstag feierte. Und der dritte Anlaß – er war leider nicht so erfreulicher Natur. Am vorigen Freitag nachmittag brachte ich ihm die Sterbesakramente.

Wenn ich mein persönliches Bild vom Verstorbenen malen oder beschreiben sollte, fallen mir zwei Gedanken ein:

Der erste: Der Verstorbene war ein „Grandseigneur". Der Fremdwörterduden umschreibt dieses Wort mit: „vornehmer, weltgewandter Mann". Als ich diese Definition las, dachte ich: Ja, so ist es, ja, das war er. Ich denke, ich brauche das nicht näher auszuführen. In den Nachrufen wurde dies deutlich. Und wer von Ihnen den Verstorbenen persönlich gekannt hat, wird sicher zustimmen können.

Und das zweite, was mir vom und am Verstorbenen imponiert hat: Er stand immer zu dem, was er für richtig erkannt hatte, auch wenn die Umsetzung dieser Erkenntnis nicht immer bequem war. „Zivilcourage" nannte es der Verstorbene, „Flagge zeigen", möchte ich es nennen.

Das Flagge-Zeigen hat Tradition in Ihrer Familie. Als die Kinder des Verstorbenen geboren wurden, wurde die Flagge gehißt. Als unser Verstorbener am vorigen Samstag die Augen seines irdischen Lebens schloß, wurde die Flage in Ihrem Betrieb auf Halbmast gesetzt: „Flagge zeigen" – ja, auch das war sein Leben.

Aber bleiben wir heute nicht nur in der Erinnerung stecken, gehen wir einen Schritt weiter in die Gegenwart, in die Zukunft hinein. Was wird?

Mir ist ein Wort wichtig geworden, das wir eben in der Lesung gehört haben: „Wir wissen, daß wir aus dem Tod ins Leben hinübergegangen sind, weil wir die Brüder lieben: Wer nicht liebt, bleibt im Tode" (1 Joh 3, 14). Vom Tod zum Leben hinübergehen – das kann jetzt schon beginnen. Wenn wir unseren Besitz lassen, wenn wir uns trennen von dem, was wir haben, wenn wir geben, wenn wir lieben, dann bekommen wir schon jetzt einen Vorgeschmack von Auferstehung: Wer sein Leben gibt, der wird es gewinnen. Liebe ist Einübung ins Sterben; besser: in das Leben, das den Tod aus den Angeln hebt.

„Wenn man dich zum Friedhof trägt", sagt ein altes Wort, „kümmert dich nicht mehr das, was du hast; mitnehmen wirst du nur das, was du gegeben hast".

Diesen letzten Satz haben Sie, liebe Angehörige, auf den Totenzettel setzen lassen. Und wenn ich die Summe des Lebens des Verstorbenen zusammenfassen könnte, würde ich sagen: Ja, so hat er gelebt. Legen wir nun den Verstorbenen in die Hand Gottes. Amen.

Fürbitten

Schwestern und Brüder! Aus dem Wort des Evangeliums lebt unsere Hoffnung. Deshalb wenden wir uns voll Vertrauen durch Christus an unseren Vater im Himmel.

- Für unseren Verstorbenen N.: Unser Herr und Gott schenke ihm die Erfüllung seines irdischen Suchens und Mühens. Christus, höre uns ...
- Für die Familie und die Freunde des Verstorbenen und für alle, denen dieser Tod sehr nahegeht: Unser Herr und Gott stärke ihren Mut zum Leben und gebe ihnen Zuversicht aus dem Glauben. Christus, höre uns ...
- Für alle, die keine Hoffnung haben: Unser Herr und Gott führe sie mit Menschen zusammen, die ihnen Verständnis und Hilfe entgegenbringen. Christus, höre uns ...
- Für unsere Gemeinde und alle, die hier zum Gottesdienst versammelt sind: Unser Herr und Gott helfe uns bei allen Entscheidungen, damit wir vor ihm bestehen können.

Barmherziger Vater, du bist Herr allen Lebens und sorgst für uns. Wir bitten dich: Vollende in unserem Verstorbenen, was du in der Taufe in ihm begonnen hast, und schenke ihm die Freude des ewigen Lebens. Durch Christus, unsern Herrn. Amen.

Heinz Dapper

„Soll das alles gewesen sein?"

Situation

Tod einer alleinlebenden, 84jährigen Frau

Die 84jährige Frau lebte allein in der Stadt. Ihr einziger Sohn ist seit jungen Jahren im Ausland, unverheiratet. Die Verstorbene kam ab und zu sonntags zur hl. Messe und äußerte manchmal Sorge um ihre Neffen und Nichten, die ihre Kinder nicht taufen ließen und selbst aus der Kirche ausgetreten sind. Ich habe die Verstorbene nur flüchtig gekannt.

60

1 Joh 3, 1–2.14–16.18 (oder Joh 11, 17–44)

Ansprache

Wieder ist ein langer Lebensweg für unser menschliches Erleben endgültig zu Ende gegangen. Ein bißchen stumm und unbeholfen sind wir hier vor dem Sarg der verstorbenen N. N., und uns bedrängen vielleicht Stimmungen, die wir sonst allzu leicht weg-schieben. Da ist ein bißchen Wehmut dabei und die Frage: Soll das alles gewesen sein? Ein langes Leben mit all seinen Kämpfen, das Erlebnis von schweren Zeiten, ein Eheleben mit all seinen Licht- und Schattenseiten, die Sorge für die Familie, berufliches Fort-kommen und Hausbau, schließlich die Gebrechlichkeiten des Alters und jetzt dieser stumme Abschied hier. Das war's dann also? – Da möchte ich doch entschieden nein sagen. Denn da ist doch sicher noch mehr. Da ist für manch einen die Erinnerung an Frau N., die durch ihre nette, liebenswürdige Art das Leben mitge-prägt hat. Da ist vielleicht die Erinnerung an manch tiefes, herzli-ches Gespräch mit Frau N., das einem nie mehr aus dem Kopf gegangen ist und in einem das Gefühl geweckt hat, daß sie sich viele Gedanken über das Leben und den Sinn des Lebens gemacht hat. Und da ist schließlich das Gefühl, daß bei ihr doch jetzt nicht alles aus sein kann. Und sehen Sie, liebe Trauernde, dieses Gefühl ist zutiefst menschlich und wird sogar in der eben gehörten bibli-schen Lesung bestätigt: „Wir wissen", so schreibt der Evangelist Johannes da, „wir wissen, daß wir schon jetzt aus dem Tod ins Leben hinübergegangen sind, weil wir die Brüder lieben; wer nicht liebt, bleibt im Tod". Sie sehen, liebe Angehörige der Verstorbe-nen, vom Tod zum Leben hinübergehen ist nach der Vorstellung von Johannes nicht nur ein Ereignis nach unserem Leben, nein, das kann jetzt schon beginnen. Sie waren mit der Verstorbenen auf dem Weg; durch Ihr Wohlwollen, durch Ihre Zuneigung. Das hat es ihr erleichtert, Abschied zu nehmen von hier. Sie sind ihr zuliebe heute hierhergekommen, um ihr das letzte Geleit zu geben, so wie sie es sich gewünscht hat. Damit zeigen Sie, daß Sie ihren letzten

Willen achten, und letztlich auch, daß Sie sie gern hatten. Ich für meinen Teil glaube, daß es ihr jetzt gutgeht, denn sie hat in ihrem Leben ein bißchen Liebe erfahren und diese Liebe, wo sie konnte, auch weitergegeben und ging so schon vom Tod zum Leben; sie bekam einen Vorgeschmack von Auferstehung. Ich hoffe, daß N. N. diese Auferstehung ins neue Leben jetzt ganz erfährt, und ich möchte deshalb für sie nun beten.

Fürbitten

Gott, du hast das Leben geschaffen und trägst unser Dasein. Du schenkst uns das Leben und wirst unser Leben neu gestalten in deiner ewigen Herrlichkeit. In dieser christlichen Hoffnung bitten wir dich:

- Befreie Frau N. N. aus dem Tod und schenke ihr die ewige Freude in deiner Herrlichkeit.
- Vergilt der Verstorbenen das Gute, das sie hier erkannt oder auch unerkannt getan hat.
- Laß uns alle das Wagnis unseres Lebens auf uns nehmen und es füreinander leben, um selbst einmal zu erfahren, was du uns in deiner Liebe bereitet hast.

Gott, unser Vater, Jesus Christus hat gesagt: Ich bin es, der Auferstehung und Leben bringt. Wer mir vertraut, wird leben, auch wenn er sterben muß. Und wer lebt und sich auf mich verläßt, wird niemals auf ewig sterben. In dieser Hoffnung haben wir die Fürbitten vor dich gebracht. Höre unsere Bitten und erhöre uns durch Jesus Christus, unseren Bruder und Herrn.

Dorothea Maiwald

Vertrauen inmitten der Trauer

Situation

Tod eines Mannes in den „besten Jahren"

Tod eines 66jährigen Mannes, der vor zwei Jahren erfuhr, daß er Lungenkrebs hat; er war Nichtraucher und lebte auch sonst bescheiden und recht gesund. Nach der Operation konnte er noch ein Jahr relativ gut seinem Hobby nachgehen: Pflege eines großen Gartens mit vielen Blumen und Beerensträuchern, die nicht nur dem Kirchenschmuck, sondern auch in Form von Marmelade den Basaren zugute kamen.

Der Verstorbene war nicht nur hilfsbereit, sondern auch ein guter Gesprächspartner; in den letzten Monaten seiner Krankheit besuchten ihn viele regelmäßig. Er konnte offen über seine Krankheit sprechen und nahm die Begrenztheit seines Lebens Schritt für Schritt an. Sein Glaube an die Auferstehung und seine tiefe Verbundenheit mit Jesus Christus haben alle Menschen, die ihm begegnet sind, beeindruckt. Er konnte bewußt auch von seiner Ehefrau Abschied nehmen, die ihm stets mit Geduld und liebevoller Zuneigung zur Seite stand.

Lesungsvorschläge

Klgl 3, 21–25; Joh 12, 24–26

Ansprache

Jesus vergleicht sein Leben mit der Bestimmung eines Weizenkorns; in die Erde gelegt, stirbt es, und aus diesem Korn wächst neues Leben. Jesus wußte um seinen Weg; in der Verbundenheit mit seinem Vater konnte er ihn gehen bis zum Kreuz.

Unser lieber Verstorbener, Herr N. N., hat die Verbindung zu Jesus intensiv gepflegt und darin Kraft geschöpft, seinen Weg durch die schlimme Krebskrankheit zu gehen und in der Hoffnung auf neues Leben die vielen Schmerzen ertragen zu können.

Obwohl ihn die Frage immer wieder beschäftigt hat, warum gerade ihn diese Krankheit getroffen hat, wo er doch nie geraucht und sonst auch bescheiden und gesund gelebt hat, konnte er Schritt für Schritt das Unabänderliche seiner Krankheit annehmen. Ich bin davon überzeugt, daß Sie, Frau N., als Ehepartnerin ihm dabei geholfen haben; Sie haben ihm stets zur Seite gestanden.

Die vielen Begegnungen mit Herrn N., besonders bei den sonntäglichen Kommunionfeiern an seinem Krankenbett, waren für mich in doppelter Hinsicht beeindruckend. Wahrzunehmen – als er soviel leiden mußte und jede Bewegung voller Schmerzen war –, daß er dankbar war für alle Momente der Linderung und ganz bewußt und wach das Abnehmen der Kräfte spürte und dies auch aussprechen konnte.

Auf der anderen Seite war sein Leben auch in den letzten Monaten seiner Krankheit von soviel Lebensbejahung geprägt: Die Erinnerung an seine vielen guten und frohmachenden Erfahrungen mit seinem Garten – die Gespräche mit den Vorbeikommenden, die Fähigkeit, mit den Blumen und Früchten anderen Freude zu schenken – war voller Dankbarkeit. Es fiel mir immer wieder auf, wie bewußt er im Rhythmus der Jahreszeiten lebte und auch aus dem immer begrenzteren Horizont seines Krankenlagers das Leben der Natur, das Erleben der Menschen um ihn herum und besonders seiner Frau in tiefer Achtung vor dem Leben und in Dankbarkeit gegenüber Gott, dem Schöpfer, annehmen konnte. Manchmal war auch Gelassenheit ein Wesenszug, der mich als Gesunden beschämte. Nach manchen Gesprächen und Begegnungen bin ich mit Dankbarkeit in meinen Alltag zurückgekehrt und konnte dann in meinem Beten viel froher Gott loben und preisen. „Das will ich mir zu Herzen nehmen, darauf darf ich harren. Die Huld des Herrn ist nicht erschöpft, sein Erbarmen ist nicht zu Ende. Neu ist es an jedem Morgen: groß ist deine Treue. Mein Anteil ist der Herr, sagt meine Seele, darum harre ich auf ihn. Gut ist der Herr zu dem, der auf ihn hofft, zur Seele, die ihn sucht. Gut ist es, schweigend zu harren auf die Hilfe des Herrn" (Klgl 3, 21–26).

Diese Verse aus den alttestamentlichen Klageliedern haben wir gerade als Lesung gehört. Angesichts des Todes von Herrn N.

haben wir allen Grund zur Klage. Der Verfasser dieses Klageliedes lebt aber auch aus dem tiefen Vertrauen auf Gott. Ich finde in diesen Gedanken auch den Glauben unseres lieben Verstorbenen wieder.

So ist diese Stunde voller Schmerz und Trauer, aber es schwingt sehr viel Dankbarkeit mit. Gott hat Herrn N. soviel Leben geschenkt, es ist zu früh zu Ende gegangen. Gott, der Herr des Lebens, wird es vollenden. Das Leben von Herrn N., mit allen Höhen und Tiefen, wird in unserer Erinnerung weiterleben. Er bleibt an unserer Seite durch Jesus Christus, der am Kreuz gestorben und auferstanden ist.

Fürbitten

– Für unseren verstorbenen Bruder N. N., der in tiefem Vertrauen auf Gottes Hilfe und Nähe seinen Weg gegangen ist, daß der Herr ihm die Fülle des Lebens schenke. – Erhöre uns, o Herr.
– Für seine Ehegefährtin und Familie, die mit ihm in Liebe verbunden sind, daß sie, deren Herz jetzt voller Trauer ist, auf Gottes Verheißungen vertrauen ...
– Für alle, die ihm nahestehen und sich mit ihm verbunden fühlen, daß sie sich von seinem Beispiel anstecken lassen und im Glauben an die Auferstehung ihren Weg gehen ...
– Für alle Schwerkranken, die ohne Hoffnung auf Gesundung sind, daß sie die Nähe von Menschen finden, die ihnen zur Seite stehen, und ihr Vertrauen auf Gott nicht verlieren ...

Klaus-Peter Giersch

„Was ihr für einen meiner geringsten Brüder getan habt ..."

Situation

Tod einer alten Bäuerin

Beerdigung einer 80jährigen, nach einem arbeitsreichen und erfüllten Leben gestorbenen Bäuerin. Ihr Tod kam als Folge einer langen Krankheit nicht unerwartet. – Eine starke Verbundenheit mit Mensch und Tier, Grund und Boden ihres Hofes prägte das Tun und Wirken dieser Frau, die an ihrem Tisch die Gastfreundschaft nach alter Tradition hochhielt und auch stets – diskret und selbst bescheiden – eine offene Hand hatte für die Armen: für Bettler ebenso wie für bedürftige Menschen aus Gemeinde und Umgebung. Die Verstorbene war voller Fürsorge, Umsicht und Menschlichkeit; obwohl sie selbst in einer „Pufferstellung" zwischen ihrem Ehemann und ihrem Sohn (die wegen einer Lappalie tief zerstritten waren) stand und dabei viel Kummer und Zerrissenheit zu verkraften hatte. Eine in katholischer Tradition und Dorfgemeinschaft verwurzelte Beerdigung beschloß dieses tapfere, im schlichten Alltag und in langwieriger Krankheit gereifte Leben.

Lesungsvorschlag

Mt 25, 31 ff

Ansprache

Wir sind zusammengekommen, um Abschied zu nehmen von einer lieben Verwandten, einer allseits geschätzten Frau, einem glaubenden und hoffenden Mitmenschen. Frau N. ist am letzten Samstag mittag nach einer sehr langen, zermürbenden Krankheit, die viel Geduld von ihr verlangte, gestorben und hat ihr Leben, für das sie immer, auch in schwierigen Tagen, dankbar war, ihrem Schöpfer zurückgegeben.

Wir alle, die wir hier sind, waren der Verstorbenen in irgendeiner Weise verbunden. Sie war N. eine treue Gattin, ihren Kindern eine gute Mutter; für andere war sie die Tante, Großmutter und Freundin. Für viele, ja sehr viele, war sie s'Martha, das gastfreundlich zu Tische bat und bediente.

Wo wir diesen Namen aussprechen, klingt in uns etwas nach. Ein Stück unseres eigenen Lebens wird angerührt, etwas, das zu uns gehört, das uns teuer ist. Eine Verbindung, die bald stärker, bald schwächer in den Jahren gewachsen ist, lebt noch einmal auf, gerade bevor wir es richtig realisieren: „Sie ist jetzt nicht mehr. Martha ist gestorben.“

So nehmen wir alle Abschied und merken einmal mehr, daß wir dadurch selbst ein wenig sterben und ärmer werden. Wir lassen etwas von unserem eigenen Leben dahinziehen und mögen dabei erschrecken, denn wir werden mit Gefühlen von Endgültigkeit und Unwiederholbarkeit des Lebens konfrontiert. Ein Bedauern darüber, so viele Gelegenheiten, diesen Menschen zu lieben, verpaßt zu haben, so viele Schritte der Versöhnung und des Friedens nicht getan oder zumindest nicht versucht zu haben, mag unter Umständen aufkommen. Wir tragen in diesem Abschied in der Tat ein Stück unseres eigenen Lebens zu Grabe: Möglichkeiten, Chancen und Hoffnungen. Auch diese sind jetzt vorbei.

Mag das Ende von N. N. in der letzten Zeit erwartet, auch für sie selber gar gewünscht worden sein, so ist ein Tod, auch dieser Tod, immer eine schmerzliche Trennung. Ein offenes Grab wirft Fragen auf, unliebsame, schwierige und verdrängte. Das ganze Leben wird sozusagen in Frage gestellt, aus innerer Notwendigkeit heraus, ob wir wollen oder nicht. Wir werden in unserer Oberflächlichkeit geschüttelt und wachgerufen. Die Tatsache, daß ein Mensch, dem wir nahestanden, plötzlich nicht mehr da ist, mahnt uns an die eigene Vergänglichkeit, ja an das Ende des eigenen Lebens. Der Tod geht quer durch das eigene Bewußtsein, gebieterisch, ohne Schonung; er zwingt uns, letzte Fragen zuzulassen, uns ihnen zu stellen: Wie ist es mit meinem eigenen Leben? Was wäre, wenn ich sterben würde? Was bliebe; welcher Inhalt, welcher tragende Sinn? Welches sind die Werte meines Lebens, die bestehen bleiben, die nicht von der Vergänglichkeit verzehrt und vernichtet werden können? Ist das, womit ich mein Leben fülle, die Zeit, so wie ich sie verbringe, damit umgehe, vor meinem Gewissen, vor Gott zu verantworten? – Der Tod in unserer Nähe stellt auch an unser Leben Fragen.

Aber zurück zu unserer Verstorbenen: Was sollen wir zu ihrem Tod sagen? Wir könnten feststellen: Sie hat ein schönes Alter erreicht, ihr Leben war reich und erfüllt. Es ist ihr – nach der schweren, langwierigen Krankheit – gut ergangen, daß sie sterben durfte. Ein Trost! – Gewiß, aber für wen? Vielleicht für sie. Leben und Leiden, gerade im Alter, sind ja, besonders wenn man zur Untätigkeit gezwungen wird und die Abhängigkeit von anderen zu spüren bekommt, gewiß nicht leicht. Es ist beschwerlich, mit dem eigenen Leib nicht mehr, vor allem nicht mehr allein zurechtzukommen. Demütigend, so ausgeliefert zu sein. So gesehen war das Sterben für N. N. gewiß eine Erlösung.

Ist es auch Trost für uns, die Hinterbliebenen? Gewiß mag niemand seine Gattin, seine Eltern, seine ihm Lieben leiden sehen; gewiß mag es eine Erleichterung sein, das Ende ihrer Schmerzen abzusehen. – Ihnen allen, die Sie Ihre Mutter mit großer Hingabe und Aufopferung gepflegt haben, sei an dieser Stelle ganz besonders gedankt. – Es mag eine Erleichterung sein und doch auch wieder Trauer auslösen: Eine Mutter geht immer zu früh; ein solcher Weggang zerreißt das innerste Band, das die Natur zwischen zwei Wesen gewoben hat. – Mag so die Trauer uns erfüllen; der Dank wird dennoch größer sein. Der Dank für ein gelungenes Leben, für gehaltene Treue, für gemeinsam verbrachte Zeit. Wir alle, ihr engster Familienkreis, Verwandte und Bekannte, sind dankbar für die Jahre, die s'Martha auf dem Hof verbringen durfte. Es waren arbeitsreiche Jahre, an erster Stelle ausgefüllt mit dem Aufbau einer Familie, der Besorgung von Heim und Hof. Martha hatte die große Gabe, ihre Familie zu stärken, sie immer wieder zu ermahnen, in Frieden und mit der Bereitschaft zur Versöhnung miteinander auszukommen. Sie hielt ihre Lieben zusammen und öffnete ihr Heim zugleich großzügig allen, die da vorbeikamen. Ein Beispiel einer warmherzigen, christlichen Gastfreundschaft. Sie hatte auch eine besondere Gabe, Menschen verschiedenster Herkunft und Denkweisen an ihrem Tisch willkommen zu heißen. Keiner von uns weiß, wie viele Leute, auch und besonders Arme, auf dem Hof ein freundliches Wort mitbekamen, wie viele Bettler und Hausierer zu Tische geladen wurden, wieviel die rechte Hand dort gegeben hat, ohne daß es die linke wußte.

Unvergeßlich wird uns im Blick auf diesen Sarg die großzügige, gastfreundliche Geste bleiben, mit der Martha N. Menschen bei sich willkommen hieß. Unvergeßlich für uns, doch nicht für uns allein, sondern auch, wenn man es so sagen darf, für Gott, der sich so unauflöslich mit den Armen und Notleidenden verbunden hat. So wurde in der Weise, mit der die Hungrigen und Durstigen verköstigt und erfrischt wurden, Jesus selbst aufgenommen und gestärkt: „Ich war durstig, und ihr habt mir zu trinken gegeben; ich war hungrig, und ihr habt mich gestärkt" (Mt 25, 35).

Viel hast du, Martha, den Menschen gegeben. Und wenn man dich jetzt zum Friedhof trägt, braucht's dich nicht zu kümmern, was du erhalten und bei dir hast. Mitnehmen wirst du nur das, was du in deinem Leben verschenkt hast. Der Segen, der über deinen Werken lag, folgt dir nach. – Gott, der Gastgeber des ewigen Mahles, rufe und lasse dich jetzt an seinem Tische sitzen; und er lasse uns in die Freude über dein erfülltes und geglücktes Leben einstimmen.

Fürbitten

- Für unsere Verstorbene: Schenke ihr die Erfüllung ihres irdischen Lebens und laß sie für immer Gast an deinem Tische sein.
- Für die Familienangehörigen: Daß sie den Mut zur Versöhnung finden im Gedenken an die Herzensgüte und Liebe der Verstorbenen.
- Für das ganze Dorf und all die vielen Nichtseßhaften, die Marthas Gastfreundschaft genossen haben: Daß sie aus der Kraft ihres Glaubens in Eintracht und Frieden mit- und nebeneinander auskommen.

– Für die ganze Natur und unsere Umwelt: Lenke die Herzen der Menschen, daß sie in Achtung und Sorgfalt mit deiner Schöpfung umgehen.

Hans Schaller

Wäre Zeit wie ein Kleid ...

Situation

Tod einer 73jährigen Frau nach kurzer schwerer Krankheit

Die 73jährige hatte im Leben viele Schicksalsschläge zu erleiden: Alkoholismus und Arbeitslosigkeit ihres Mannes und schließlich sein Tod. Beinamputation eines ihrer fünf Kinder. Letzteres bat mich beim Trauerbesuch darum, anstelle der Predigt eine Meditation von Alois Albrecht vorzutragen, die von den Kindern vorher ausgesucht worden war. Da ich in dem Text das Leben der Verstorbenen und der Familie sehr gut wiederfinden und ich selbst die Gedankengänge auch gut zu meinen „eigenen" machen konnte, entstand die folgende Predigtmeditation in starker Anlehnung an den Obengenannten.

Lesungsvorschläge

Koh 3, 1–8; Joh 19, 23–30

Ansprache

Wäre Zeit wie ein Kleid,
dann könnte ich in sie hineinschlüpfen:
in die Arbeitszeit,
in die Freizeit,
in die Mußestunden,
in die Sommerzeit,

in die Urlaubszeit.
Ich würde sie tragen wie einen Arbeitsanzug, wie eine
Küchenschürze, wie ein Festtagskleid.

Wäre Zeit wie ein Kleid,
dann könnte ich auch leicht wieder aus ihr heraus.
Wie herrlich wäre das!
Aus der Wartezeit,
aus der Ölbergstunde,
aus der Leidenszeit,
aus der Todesstunde.

Aber Zeit ist mir näher als ein Kleid,
näher sogar als meine Haut.
Zeit ist kein Ding,
keine Sache,
kein Besitz, den ich kaufen kann.
Ich habe nicht Zeit:
Ich bin zeitlich!
Ich bin als Mensch zeitlich!

Ich bin unterwegs durch die Zeit.
Dieses Unterwegs wird immer mehr,
immer länger an den Tagen und Jahren,
allmählich wird es eine Geschichte,
meine Geschichte.

Geschichte besagt,
daß da etwas geschehen ist,
daß ich etwas getan habe,
daß ich gehandelt habe,
daß ich leiden mußte,
daß sich vieles ereignet hat,
daß sich mein Leben mit der Zeit gefüllt hat.

Diese meine Lebensgeschichte
ist manchmal eine lustige Geschichte,
manchmal ist sie Liebesgeschichte,
manchmal Leidensgeschichte.

Und so läuft meine Geschichte weiter,
sie wird weitergeschrieben,
einmal auf den Zeilen, schön und gleichmäßig,
ein andermal drunter,
ein andermal drüber.

Sie wird weitergeschrieben,
bis meine Biographie zu Ende ist im Tod:
Er setzt den Schlußpunkt.

Es kommt nun nicht zuerst darauf an,
ob meine Geschichte spannend oder aufregend ist,
lange oder romantisch,
rührend oder glücklich.

Es kommt darauf an,
wie ich in meiner Geschichte Mensch werde.
Mensch werde in Freude und Schmerzen,
in Lieben und Leiden,
in frohen und düsteren Stunden,
voller Hoffnung und voller Angst,
einmal stark, ein andermal schwach,
einmal handelnd,
das andere Mal gezwungen, mich behandeln zu lassen,
Mensch werde ich im Leben und auch im Sterben.

Ich kenne einen,
der in seinem Sterben sagte:
Es ist vollbracht.
Ich schaue auf ihn und erkenne,
daß seine Geschichte ein deutliches Woher und Wohin hatte,
eine Herkunft und eine Zukunft:
Gott als Vater.
Mit diesem Gott lebte er, liebte er,
mit ihm handelte er,
mit ihm starb er und konnte sagen:
Es ist vollbracht.
Auch ich möchte einmal sagen können:
Es ist vollbracht.

So will ich versuchen,
mein Leben zu vollbringen,
zu füllen wie er
mit geteiltem Brot,
mit geschwisterlicher Umarmung,
mit Gerechtigkeit,
mit Treue,
mit Wahrhaftigkeit,
mit Liebe zu denen, die mich brauchen.

In diesem Gottesdienst wollen wir darum bitten,
daß uns das gelingt.

Und wir wollen Gott danken für unsere Schwester N. N.,
die ihr Leben mit uns geteilt hat und nun,
da es vollbracht ist, zu ihrem himmlischen Vater zurückgekehrt
ist.

Fürbitten

Wir beten zum Herrn Jesus Christus, dem Richter der Lebenden
und Toten:

- Führe die verstorbene N. N. in das Reich deines Vaters. – Christus, höre uns.
- Erbarme dich aller Leidenden, richte die Kranken auf und stehe allen Sterbenden bei. – Christus, höre uns.
- Schaffe Frieden in unseren Familien, unserer Gemeinde und zwischen allen Völkern. – Christus, höre uns.
- Erbarme dich aller Verstorbenen unserer Pfarrgemeinde und führe sie in die himmlischen Wohnungen. – Christus, höre uns.

Darum bitten wir durch Christus, unsern Herrn. Amen.

Heinz Dapper

Endlich erlöst!

Situation

Tod eines Mannes nach zweijähriger Bewegungsunfähigkeit

Der Verstorbene war Handwerker gewesen, fröhlich, freundlich, für seine Hilfsbereitschaft im Dorf bekannt. Mit 74 Jahren bekam er einen Schlaganfall, von dem er sich nicht mehr erholte. Zwei Jahre und einen Monat lag er „im Koma", völlig bewegungsunfähig, nur Augen, Zunge und Lippen rührten sich noch. Seine Frau – unterstützt von guten Nachbarinnen und dem Pflegedienst der Caritas – pflegte ihn, bis der Tod ihn „endlich erlöst" hat.

Lesungsvorschläge

Gen 3, 17–19; Joh 19, 25–30

Ansprache

Das haben wir manchmal so gesagt, wenn wir über die Krankheit und das lange Leiden von Herrn N. sprachen: Der Doktor ist zehn Minuten zu früh gekommen – wenn er doch bei seinem Schlaganfall sofort hätte sterben können! Aber Sie, Frau N., waren anderer Meinung. Es hat mich sehr gerührt, wenn Sie am Bett Ihres so kranken Mannes standen und ihm die Hände hielten und sein Gesicht streichelten und sagten: „Ich bin so dankbar, daß ich ihn noch habe! Wenn *ich* nur gesund bleibe, daß ich ihn pflegen kann!" Ja, Frau N., Sie haben die Kraft behalten und konnten Ihrem Mann helfen bis in die letzte Stunde. Aber da sagten auch Sie: „Jetzt ist er endlich erlöst!" Den Auswärtigen möchte ich von einer kleinen Tradition unserer Gemeinde erzählen: In der Weihnachtszeit begleiten mich Kinder unserer Gemeinde bei den monatlichen Krankenbesuchen. Sie sagen dann Gedichte, singen und musizieren zur Weihnachtszeit. Wir besuchten auch Herrn N. Wie bewegt wurden seine Augen, als die vielen Kinder in sein Krankenzimmer kamen. Ja, und wir waren ganz sicher, daß er verstand, was da vor sich ging – obwohl er sich dazu nicht äußern konnte. Zum Schluß verabschiedeten sich die Kinder. Ich sagte laut jeweils ihren Namen, und jedes Kind streichelte gerührt die unbeweglichen Hände des Kranken. Eine so innige Szene – ich werde sie nie vergessen!

Sicher ist das nicht zu vergleichen mit all der Arbeit, die die Pflegerinnen und Pfleger in den langen Monaten der Krankheit geleistet haben. Aber für mich bleibt es eine wichtige Einladung, die ich uns heute wieder in Erinnerung rufen möchte: Laßt uns die kleinen Zeichen der Zuwendung und Zärtlichkeit wichtig genug nehmen! Der Mensch braucht mehr als Kalorien und Hygiene. Erst, wenn wir im Himmel dem Verstorbenen wieder begegnen – und darauf vertraue ich ganz fest! –, dann werden wir erfahren, was das alles für ihn bedeutet hat.

Doch damit will ich die Bitterkeit der Leidensmonate nicht verharmlosen. Wenn ich den Kranken in seiner totalen Hilflosigkeit und völligen Angewiesenheit auf andere so liegen sah, dann gingen mir oft Texte der Adventszeit durch den Kopf. „O komm, o komm, Emmanuel, mach frei dein armes Israel. In hartem Elend liegt es hier, in Tränen seufzt es auf zu dir!" Sie, die Sie den Kranken gepflegt haben, Sie haben ihm geholfen. Aber wer kann helfen, daß Menschen erst gar nicht mehr in diese Situation der Abhängigkeit geraten? Was muß geschehen, daß das Schicksal des Leidens und der Schmerzen vom Menschen abgewendet wird? Wie kann es denn sein, daß Not und Tod den Menschen nicht mehr bedrängen? Ist das einfach so, und muß das immer so bleiben, was wir besonders bedrückend bei unserem Verstorbenen erlebten? Oder gibt es eine Hoffnung auf Heil, eine Zuversicht auf Glück, Erfüllung, Leben ohne Begrenzung durch Schmerz und Tod?

Die Gemeinde Jesu hat in den ersten Jahrzehnten nach seinem Tod – verständlicherweise – oft darüber nachgedacht: Was kann denn der Sinn dieses Leidens sein? *Eine* Antwort hörten wir vorhin in dem Satz, den die Johannes-Gemeinde Jesus in den Mund legt, als er sterbend sein Haupt neigt: „Es ist vollbracht!"

Auf den ersten Seiten der Bibel wird die Erlösungsbedürftigkeit des Menschen beschrieben mit den Worten: „Staub bist du, und zum Staub mußt du zurückkehren!" So konnte man gut denken, wenn man den Kranken in seiner Hilflosigkeit daliegen sah: Ein Häufchen Elend! Staub, der wieder zu Staub wird, ja, es fast schon wieder ist.

Aber nein, wir Christen denken anders vom Menschen. Und die Hilfe und Zuwendung, die unser Kranker erfahren hat, zeigen deutlich: Wir denken nicht nur anders, wir handeln auch anders! Dieser Kranke, dessen Leben sich auf Herzschlag und schwaches Atmen und Verdauen der künstlichen Ernährung zu beschränken scheint, er ist nicht nur ein Häufchen Elend, Staub, der wieder zu Staub wird. Er ist ein Bruder Jesu, des menschgewordenen Gottes! Und im Leben und Sterben dieses menschgewordenen Gottes, der wirklich Mensch war, bis in Leid und Tod Mensch, in Jesus ist die uralte Sehnsucht der Menschheit Wirklichkeit geworden: „Endlich erlöst!"

Was menschlicherseits getan werden konnte, das hat dieser Mensch aus Nazaret getan. Er hat den Armen und Kranken geholfen, er stand auf der Seite der Leidenden und Gequälten – nicht nur in beispielhafter Hilfe, nicht nur in scharfer Kritik an denen, die unterdrückten und quälten. Er solidarisierte sich mit den Leidenden, nahm ihr Schicksal auf sich bis in den Tod. „Es ist vollbracht!" sagt er sterbend. Mehr *kann* ein Mensch nicht tun! Dann aber zeigt sich in seiner Auferstehung, daß er Gottes Sohn ist, nicht nur ein menschlicher Reformer, der sich ganz mit dem Schicksal der Leidenden identifiziert. Wir Christen glauben – und das ist Kern und Mitte unseres Glaubens: In Jesu Auferstehung ist auch uns Auferstehung vom Tod geschenkt. Die Sehnsucht nach Erlösung, die in den Adventsliedern in Musik und Text erklingt und die wir in den Monaten der Krankheit so lebendig spürten: In Jesu Auferstehung ist sie Wirklichkeit geworden. „Endlich erlöst!"

Ich danke allen, die unserem Kranken soviel Zuwendung und Hilfe geschenkt haben. Sie haben unserer ganzen Gemeinde ein laut rufendes Zeugnis gegeben. Der Mensch ist nicht nur Staub, der zum Staub zurückkehrt. In Jesus ist der Mensch endlich erlöst und end-gültig erlöst. Auch wenn der Kranke die freundlichen Worte nicht mehr gehört und das zärtliche Streicheln nicht mehr gespürt hätte – es ist sinnvoll, einem Bruder Jesu diesen Dienst zu schenken. Denn er ist in Jesu Auferstehung endlich und endgültig erlöst. Und jedes gute Wort und jede hilfreiche Handreichung sind Zeichen unseres Glaubens: Der Mensch lebt sich nicht in den Tod hinein, er lebt durch den Tod hindurch ins ewige Leben. Die Welt endet nicht in einer großen Katastrophe, sie mündet in den Himmel.

Laßt uns dankbar sein, daß wir so glauben können und so glaubend unserem Leben christliche Prägung geben können. Amen.

Fürbitten

Guter Gott, oft verstehen wir deine Wege nicht, und das Schicksal der Menschen ist uns wie ein Rätsel. Und doch bist du der Einzige, dem wir vertrauen und von dem wir Hilfe und Heil erwarten über den Tod hinaus. So höre unser Beten:

– Für unseren Verstorbenen, dessen Freundlichkeit und Hilfsbereitschaft viele von uns kennen: Laß ihn in der Ewigkeit deine Freundlichkeit erfahren.
– Für Frau N. und alle, die dem Verstorbenen in seiner Krankheit geholfen haben: Vergilt du ihnen, weil kein Mensch auf Erden ihnen das wieder gutmachen kann.
– Für alle Kranken und Kinder und Alten, die auf die Hilfe anderer angewiesen sind: Laß sie freundliche und hilfsbereite Mitmenschen finden.
– Für uns, die wir uns dankbar an den Verstorbenen erinnern: Daß sein Beispiel uns anstößt, nach unseren Möglichkeiten einer christlichen Lebensgestaltung zu schauen.

Guter Gott, du hast uns im Leben Jesu sichtbar werden lassen, wie du auf der Seite der Kleinen und Schwachen und Kranken stehst. Hilf uns, daß wir als Christen diese Erfahrung dankbar aufnehmen und weitergeben. Darum bitten wir dich durch Jesus Christus, unseren Bruder und Herrn, der mit dir lebt von Ewigkeit zu Ewigkeit.

Karl Lenfers

In Jesus Christus das Leben finden

Situation

Tod nach einem Herzinfarkt

Tod eines 48jährigen Mannes, verheiratet, Vater von zwei adoptierten Jungen im Alter von neun und elf Jahren. Der Verstorbene gehörte zu einem Familienkreis der Pfarrgemeinde und hatte viele Freunde. Ich selbst kannte ihn aus der Arbeit mit dem Familienkreis. Die Söhne waren bei mir im Religions- und Kommunionunterricht. Seine Frau ist im caritativen Bereich der Gemeinde tätig. Herr N. N. erlag nach einer Bypassoperation im Bein nachts plötzlich einem Herzinfarkt.

Lesungsvorschlag

1 Thess 4, 13–14

Ansprache

Die letzten Tage waren schlimm für Sie, eine Woche, die Sie sicher nicht so schnell vergessen. Dieser Moment des Abschieds hier ist vielleicht noch schlimmer, und man wundert sich, wie alles doch irgendwie vorbeigeht und man es überlebt, wie einem der Atem stockt, wenn man an N. N. denkt, an sein verschmitztes Gesicht, die Haare, die nie richtig sitzen wollten, über seinen Stock gebeugt oder im Rollstuhl sitzend, den er nie ganz akzeptieren wollte, den ganzen Trubel um sich beobachtend. Gewiß N. N. war schwer krank, wir alle wußten es und hatten uns damit abgefunden, aber niemand dachte, daß es eines Tages so schnell gehen würde, er gehörte trotz der Behinderung immer dazu. Jetzt kann man sich gar nicht vorstellen, daß es ihn nicht mehr geben soll, ja daß man Gedanken und Erinnerungen an ihn sogar wegschieben muß, damit es nicht mehr so weh tut. Und was das schlimmste von allem ist, daß es erstmal keinen Trost geben wird, daß zwar Freunde da sind, daß viele helfen, die Zeit zu überbrücken und die ersten Tage zu überstehen, aber daß man letztlich doch allein damit fertig werden muß. Das ist bisweilen sehr hart, und man könnte daran verzweifeln, wenn man nicht doch den einen Gedanken hätte, nämlich, daß unser Gott nicht den Tod will, sondern das Leben, und daß es N. N. jetzt hoffentlich geschafft hat, daß es ihm jetzt gutgeht. Und sehen Sie, liebe Angehörige, dieser Gedanke kann uns gar nicht trügen, nein, er wird in der eben gehörten Lesung sogar bestätigt. „Wenn Jesus", so heißt es da, „wenn Jesus gestorben und auferstanden ist, dann wird Gott durch Jesus auch die Verstorbenen zusammen mit ihm zur Herrlichkeit führen." In jeder Meßfeier bekennen wir Christen uns zum Glauben an die Auferstehung Jesu Christi, und im Requiem für N. N. haben wir es eben wieder getan. Wir haben dabei fest an N. N. gedacht, und irgendwie war da auch das sichere Gefühl, daß bei ihm jetzt doch nicht alles aus sein kann. Hoffen und beten wir, daß N. N. jetzt in Jesus Christus das Leben findet. Amen.

Fürbitten

Herr Jesus Christus, der du ein Mensch warst wie wir und der du gestorben bist, wie wir alle einmal sterben, wir richten unsere Augen auf dein Kreuz. Im Glauben an deine Auferstehung tragen wir unsere Fürbitten vor:

– Gütiger Gott, schenke dem Verstorbenen N. N. nun die Freude und den Frieden deines ewigen Lebens.
– Befreie ihn von aller Schuld dieses Lebens und führe ihn in dein ewiges Leben, wo es keine Trauer, keine Klage und vor allem keine Schmerzen mehr gibt.
– Gedenke auch derer, denen der Tod des Verstorbenen besonders nahegeht, und gib ihnen Mut und Hoffnung zum Weiterleben, auch ohne ihn.

Gott, unser Vater, getragen von deinem Geist, gehen wir den Weg unseres Lebens bis hinein in dein ewiges Leben. Schenke uns für diesen Weg deinen Segen. Wir bitten dich darum durch Jesus Christus, der mit dir lebt in Ewigkeit. Amen.

Dorothea Maiwald

Früher Tod

Manche Blumen blühen kurze Zeit

Situation

Tod eines Babys

Die Eltern hatten die besonderen Schwierigkeiten bei der Schwangerschaft mit großer Zuversicht getragen, die Mutter einen längeren Krankenhausaufenthalt auf sich genommen. Nach der relativ problemlosen Geburt starb das Kind unerwartet nach zwei Wochen.

Lesungsvorschläge

Ps 8, 1–6; Mt 18, 1–5

Ansprache

Liebe Eltern, eine junge Mutter, die wie Sie mit dem frühen Tod ihres Kindes jenen unsagbaren Schmerz erfahren mußte, hat in ihrem Leid ein Gedicht geschrieben. Sie schrieb es zunächst für sich auf, um damit einen Weg aus ihrer Trostlosigkeit zu finden. Sie schreibt es aber auch für alle Eltern, denen die Hoffnung auf ein gemeinsames Leben mit ihrem Kind zerbrochen ist:

> Man sagt mir,
> ich solle es nicht so schwernehmen.
> Man sagt mir,
> das Leben ginge weiter.
> Man sagt mir,
> jeder müsse lernen,
> Verluste zu überwinden.
> Man sagt mir,

die Zeit
läßt jeden Schmerz vergehen.
Aber
hier und jetzt bin ich allein!
Mein Gott,
laß mich nicht alleine
in diesen Abgrund stürzen.
Strecke deine Hand aus,
und fange mich im Fluge ab,
bevor ich
am Boden zerbreche.

Es ist also gut und wichtig, daß wir hier über Ihren Schmerz sprechen. Manche mögen Sie damit getröstet haben, daß die Zeit alle Wunden heile, daß Sie jung genug sind, um noch Kinder zu bekommen, daß es schlimmere Verluste gebe. Das ist alles gut gemeint und mag auch richtig sein. Aber zuerst haben Sie das Recht, über den Tod Ihres Kindes zu klagen und zu trauern, denn Sie müssen heute Ihre Hoffnung begraben.

Die Menschen in der Bibel schreckten nicht davor zurück, mit Gott zu hadern und zu ringen, wenn er ihnen einen Verlust zugefügt, wenn er ihnen einen Menschen genommen hatte. Wir haben ein Recht, Gott zu fragen, warum er es so gefügt hat. Wir haben ein Recht, ihm Vorwürfe zu machen. Wir haben ein Recht, ihn anzuklagen und unseren Schmerz hinauszuschreien. Wir haben schon deswegen ein Recht dazu, weil es uns erleichtert. Die Trauer gehört zu unserem Schmerz; wer nicht trauert, hat nicht geliebt. Aber es gilt auch, wer nicht trauert, läßt nicht los.

Jesus hat Gott unseren Vater genannt. Sollten wir den Vater nicht fragen dürfen, warum euer Kind sterben mußte? Gegen die Hoffnung eines glücklichen Vaters, gegen die Liebe einer Mutter, gegen euren Willen? Wir stellen diese Fragen, weil wir wissen, wie Jesus die Kinder geliebt hat, wie er sie in ihrer Unschuld und wegen ihres Vertrauens zu einem Zeichen des Gottesreiches gemacht hat. Wir werden nicht gleich eine Antwort bekommen; aber es kann sein, daß in uns eine Antwort heranwächst, wenn wir nicht aufhören,

Gott so zu fragen, mit ihm so zu reden. Das ist besser, als im Leid stumm und verschlossen zu werden und sich abzuwenden.

Das ist auch der Grund, warum wir ganz bewußt von Ihrem Kind, dem Sie den Namen ... gegeben haben, hier Abschied nehmen. Dieser Abschied nach zwei Wochen gemeinsamen Lebens ist wichtig, damit wir sichtbar loslassen können, was uns an menschlichen Erwartungen mit diesem Kind verbindet; damit wir Ihr Kind festmachen können in der Welt Gottes, in der es unsere Enttäuschungen nicht mehr gibt. Elisabeth Kübler-Ross hat einmal in einem Brief an ein krebskrankes Kind geschrieben: „Einige Blumen blühen nur wenige Tage, jedermann bewundert sie als Zeichen des Frühlings und der Hoffnung. Dann sterben sie; aber sie haben getan, was sie tun mußten." Wir hoffen, daß in uns diese Einsicht wachsen kann.

Nach dem Willen Gottes, den wir noch nicht verstehen können, hat Ihr Kind seine Aufgabe unter uns bereits erfüllt. Unter Ihrer Zärtlichkeit und Liebe ist es erblüht, unter Ihren Händen ist es vergangen. Wir können nur ahnen, daß dieser schönen Blume in unserer Welt, die Kindern gegenüber oft so feindlich ist, vieles erspart geblieben ist. Vielleicht ist das auch der Trost, den sie schon jetzt verstehen können: Ihrem Kind geht es bei Gott besser als in unserer Welt. Es ist beim Vater im Himmel, weil es den schmerzlichen Umweg über das Erwachsenwerden zum Kindsein nicht erst machen mußte. Dazu noch einmal Kübler-Ross: „Bei Gott werden wir nie mehr allein sein. Dort werden wir weiterleben, werden wachsen, tanzen, spielen, fröhlich sein. Wir werden zusammensein mit allen Menschen, die wir liebten. Dort sind wir von mehr Liebe umgeben, als wir uns je vorstellen können ..."

„Mehr Liebe, als wir uns je vorstellen können", das ist es doch auch, was Sie sich für Ihr Kind wünschen. Denken Sie an die Freude und die Sorglosigkeit Ihres Kindes bei Gott, dann können Sie mit der Zeit Ihre Trauer und Ihren Schmerz loslassen.

Fürbitten

Noch in unserem Schmerz wollen wir bekennen, daß Gott der Schöpfer allen Lebens ist; ihn wollen wir bitten:

– Für dieses Kind, das so früh vollendet wurde und für uns ein
  Zeichen der Hoffnung war, daß es weiterblühen kann im
  Himmel.
– Für uns, die wir traurig sind über den Tod dieses Kindes, daß wir
  es freigeben können für die Freude des ewigen Lebens.
– Für alle Kinder, die in unsere Welt geboren werden, daß sie bei
  ihren Eltern willkommen sind.
– Für uns, daß wir werden können wie die Kinder und anderen
  Geborgenheit und Liebe schenken.

Roland Breitenbach

Eigentlich sollte ich schweigen ...

Situation

Tod eines Babys nach einer Lungenentzündung

Das Ehepaar hatte lange vergeblich auf eine Schwangerschaft
gewartet, dann medizinische Hilfe in Anspruch genommen. Die
Frau mußte lange liegen. Schließlich kam es zu einer Frühgeburt.
Das Kind war zu schwach. Es starb nach sechs Wochen an einer
Lungenentzündung. Die Frau ist tapfer, aber zugleich nach all dem
Kampf um das Kind total erschöpft, resigniert und apathisch. Ich
kannte das Paar aus der Ehevorbereitung. Die Frau ist religiös, ihr
Mann weniger. Er hat seiner Frau zuliebe den kirchlichen Rahmen
von Hochzeit, jetzt Nottaufe und Beerdigung mitgetragen. Ich
habe den Eindruck, daß er aus Liebe und Sorge für seine Frau und
aus oft „typisch männlicher" Umgangsweise mit existentiellen
Problemen kaum zum Nachdenken und -fühlen darüber kommt,
was dies alles für ihn selbst bedeutet. Er verbirgt sich anderen
gegenüber hinter Zynismus und „Mannhaftigkeit". Die Trauerge-
sellschaft ist sehr erschüttert, offensichtlich gleichermaßen über
den Tod des Säuglings wie über den „Quasi-Tod" seiner Eltern. Die

hier entstehende allseitige Hilflosigkeit erschüttert auch mich zutiefst. Ich habe aus dem Gespräch das Gefühl: Ich soll eine Ansprache halten, aber eigentlich sollte ich schweigen ...

Lesungsvorschlag

Klgl 2, 10–13

Ansprache

Die Erfahrung des unendlich großen Schmerzes, der Sie getroffen hat, verschnürt auch uns, die wir Sie in dieser schweren Zeit gerne begleiten möchten, die Kehle. Die Betroffenheit und Erschütterung führt ins Schweigen. Was können hier Worte schon helfen. So jedenfalls ist mein Gefühl. Ich möchte Ihre Hände halten und meinen Tränen freien Lauf lassen. Ihre schweigsame Erschütterung, Ihre Trauer rührt uns an und weckt in uns all die Ängste vor Verlust und Schmerz, die in unserem eigenen Leben schon entstanden sind. Wir haben aus diesen eigenen Erfahrungen heraus eine ganz entfernte Ahnung, wie es Ihnen hier gehen muß. Ich weiß nicht, ob Sie uns das abnehmen können. Ich weiß nicht einmal, ob Sie uns wahrnehmen können. Was helfen Worte?

Und doch spüre ich unter uns allen hier auch die Sehnsucht danach, daß dieses lähmende Schweigen irgendwie bricht, daß wir einander etwas zusprechen könnten, was unser Mitgefühl für Sie greifbarer werden ließe und vielleicht trösten könnte.

Manche Menschen machen die Erfahrung, daß es schon ein erster Schritt der Erlösung ist, die Gefühle auszusprechen, die Not und das Schicksal zu beklagen.

Andere wagen kaum das Nachdenken, suchen Zuflucht in den ja weitergehenden Anforderungen des Alltags, halten Gedanken über das Unabänderliche für sinnlos. Ihnen wird das Mitleid der anderen unter Umständen zur belastenden Zumutung, vergrößert die Qual, statt sie zu lindern.

Ich weiß nicht, wie weit ich gehen soll, inwieweit meine Gedanken über Tod und Leben für Sie erträglich, vielleicht sogar irgendwie hilfreich sein können.

Im Alten Testament gibt es ein Buch voller Klagelieder. Sie entstammen anderen Situationen von Leid. Aber – sie lehren uns klagen. Sie helfen uns, die Dinge beim Namen zu nennen, über den Schatten und die Mauer des Schweigens zu springen. Mit großem Gefühl von Unsicherheit wage ich es, ein paar Zeilen daraus vorzulesen:

Hier Lesung: Klgl 2, 10–13

Ich wünsche Ihnen, daß Ihre partnerschaftliche Gemeinschaft und die Nähe anderer lieber Menschen Ihnen hilft, das Schweigen zu brechen, daß diese Liebe sie erfahren läßt, wie gut es tut, innerste Nöte und äußerstes Leid aussprechen zu lernen, gemeinsam zu beklagen und einander so langsam immer mehr zu trösten.

(Die folgende Passage hatte ich vorbereitet, wegen der schwierigen Situation aber nicht ausgesprochen.)

So wenig sich verschiedene Situationen von Leid gegeneinander abwägen und untereinander vergleichen lassen: Ich stelle es mir persönlich mit als das Schlimmste vor, ein Kind zu verlieren, so kurz nach der so schweren und belastenden Schwangerschaft und Geburt. Wir Mittrauernden können – über das betroffene Schweigen hinaus – nichts anderes tun, als Ihnen unsere Empörung, ja Wut anzubieten, angesichts eines so sinnlos grausamen Schicksals.

Wie Gott dies zulassen könne, werden viele von Ihnen fragen. Ich kann die Frage nicht beantworten. Ich kann Ihnen nur meinen persönlichen Glauben bezeugen: Für mich kommt kein Tod als direkter Befehl von Gott. Und ich sehe Gott auch nicht von außen realitätsverändernd ins Weltgeschehen eingreifen. Der einzige Weg, den Gott sich erwählt hat, um in unser Leben einzugreifen, ist ganz von innen. Er wirbt um unser Herz. Er bietet sich uns an als Kraft, als Geist, als Mut zum Leben, als Quelle der Liebe. Er will dazu da sein, in unseren Herzen das Schicksal auszuhalten, mitzutragen und die Welt so mit Liebe zu erfüllen. Jedes Leid widerspricht darum dem tiefsten Wesen und der Absicht Gottes. Von innen, über unser Herz greift er ins Leben ein. Von außen, so sehr wir es uns auch manchmal wünschen mögen, nicht! So wie er kein Gewitter verhindert oder schickt und keinen Sturm, wie er keine Dürre verhindert, so verhindert er auch keinen Herzinfarkt und leider auch nicht den sinnlosen und für uns so grausamen Tod eines Babys. – Ich weiß, das kann für Sie im Leid überhaupt kein Trost sein. Aber die Liebe Gottes als Kraft für unsere schmerzzerissenen Herzen ..., vielleicht können wir sie einander in menschlicher Zuwendung doch ein wenig tröstend spürbar machen. Ich wünsche es Ihnen von Herzen.

Fürbitten

- Oft ist es ein erster Schritt aus der Finsternis ins Licht, daß sich unsre Augen zunächst an die Dunkelheit gewöhnen. Wir bitten darum, daß der Schmerz den Trauernden erträglich wird.
- Oft ist es ein erster Schritt aus der Finsternis ins Licht, daß wir unsere Not auszusprechen lernen. Im Mitteilen wird Schmerz tatsächlich teilbar. Wir bitten darum, daß dies den Trauernden gelingt.
- Oft ist es ein erster Schritt aus der Finsternis ins Licht, wenn menschliches Mitgefühl sich anbietet, Leid mitzutragen. Wir bitten darum, daß die Trauernden dies erfahren können.

Stefan Herok

„Freut euch mit den Fröhlichen und weint mit den Weinenden"

Situation

Plötzlicher Tod eines jungen Ehemannes nach einer schweren Krankheit

Der Verstorbene war ein 29jähriger Mann, den ich seit Jahren gut kannte und der mir in Haus und Garten jederzeit behilflich war.

In enger Verbundenheit mit ihm und seiner Familie bis auf den heutigen Tag – eine fast familiäre Situation.

Ein Jahr vor seinem plötzlichen Tod hatten wir in seinem Heimatdorf ein großes und schönes Hochzeitsfest gefeiert. Zehn Monate danach erkrankte er an einem gefährlichen Tumor und hatte eine schwere Operation gerade gut überstanden.

Alle waren froh und hofften, daß die schlimme, lebensbedrohliche Krankheit gut verlaufen war. Da bekam er während der radiologischen Nachbehandlung eine Embolie und war innerhalb kürzester Zeit tot. Die ganze Dorfgemeinschaft, vor allem aber seine junge Ehefrau und seine Eltern standen am Beerdigungstag noch in tiefem Schock und in grenzenloser Trauer. Ich selbst war tief berührt.

Lesungsvorschlag

Röm 12, 9–21

Ansprache

Wir alle stehen hier um dieses Grab, weil wir vom Tod unseres lieben N. wohl ausnahmslos zutiefst bewegt und betroffen sind. „Freut euch mit den Fröhlichen und weint mit den Weinenden" (Röm 12, 15), so habe ich vor noch nicht einem Jahr meine Hochzeitspredigt begonnen und dem Paar versprochen, daß ich freundschaftlich verbunden in seiner Nähe bleiben und ihnen beistehen möchte, wenn es notwendig sei.

Keiner von uns wird in dieser Stunde nicht zurückdenken an den Tag vor einem Jahr, wo wir in Freude beisammen waren. Ich habe nicht gedacht, daß mein Versprechen auf solche Weise und so schnell eingefordert würde. Ich möchte mein Versprechen einlösen gerade am heutigen Tag, so bitter es ist und so schwer es mir auch fällt.

Angesichts des Schmerzes, den ich in den letzten Tagen mit Ihnen allen erlebt habe, ist es mir eher danach, zu schweigen oder doch nur ganz wenig zu sagen.

Wir haben den Eindruck, Gott schweigt auch. Es ist das Schweigen am Kreuz, von dem wir wissen oder besser glauben, daß es nicht das Ende war. Erschüttert von diesem unerwarteten Tod und auf Grund der in den letzten Tagen oft gestellten Frage nach dem Warum kann ich nur sagen: Ich weiß es nicht, warum es so ist. Ich weiß nur eines, Gott ist in Jesus Christus auf unsere Seite getreten, und zwar am intensivsten im Leiden. Auch er ist gestorben, nicht viel älter, als unser lieber N. N. es war. Er wollte uns zeigen, daß wir weder im Leben noch im Tod von ihm allein gelassen sind.

Wenn wir das Schweigen Gottes, in das nun N. N. eingegangen ist, erfassen wollen, dann müssen wir selbst ruhig werden und schweigen und hören, was dieser Mensch uns in seinem kurzen Leben zu sagen hat. Wenn wir still geworden sind, dann werden wir es hören, wie einer daran geglaubt hat, daß durch Liebe, Treue und Freundlichkeit, gepaart mit Tatkraft und Lebensfreude, in dieser Welt etwas zu verändern ist. N. hatte schon zu seiner Trauung den richtigen Text gefunden, weil die von Paulus anempfohlenen Haltungen ihm auf ganz natürliche Weise zu eigen waren. Das ist es, was er uns jetzt sagen kann und wohl auch sagen will: „Laß dich nicht vom Bösen besiegen, sondern besiege das Böse durch das Gute!" (Röm 12, 21). So können wir auch jetzt noch von seiner Kraft profitieren und vielleicht ein wenig getröstet sein.

Ich selbst fühle mich so, als hätte ich einen Bruder verloren, und Sie alle werden vermutlich in ähnlicher Weise hier stehen. Noch viel tiefer und einschneidender ist für dich, liebe N., und Sie, die Eltern, dieser Verlust. Es lassen sich dafür noch keine Worte finden. Dennoch wollen wir fragend und trauernd uns an den wenden, der allein in der Lage ist, uns Halt und Kraft zu geben, damit wir miteinander zusammenstehen und diese schwere Stunde gemeinsam bewältigen. Gott ist mit uns, und N. N. ist jetzt mitten unter uns und nicht nur sein toter Leib. Er ist eingegangen, wie man hier im Hunsrück sagt, in das „Geheichnis", das Geheimnis und die Geborgenheit, die Welt unseres Gottes.

Fürbitten

Laßt uns in dieser Stunde des tiefen Schmerzes, der Ohnmacht und Sprachlosigkeit in zögernder Hoffnung und von Zweifeln durchzogenem Vertrauen den fernen und doch so nahen Gott um Beistand und Trost anrufen:

– Für N. N., dessen Leben so voller Freude und Kraft war: Daß er für alles Gute, das er gelebt und getan hat, Annahme und Geborgenheit empfängt.
– Für alle, denen dieser plötzliche Tod so nahegeht und die es noch nicht fassen können. Für seine junge Frau, seine Eltern und Geschwister, damit sie sich nicht verloren und allein fühlen in ihrem Schmerz und Trost finden können in dem Gedanken, daß er auch jetzt noch bei ihnen ist.
– Für uns alle, die wir ihm zugetan und freundschaftlich verbunden waren: Daß wir ihm über den Tod seine Treue und Freundlichkeit danken und die Kraft finden, seinen Lieben Trost und Hilfe zu sein durch unsere Nähe.

Jesus Christus, der du Mensch und damit unser Bruder in allem geworden bist, sieh unsere Not und unsere Trauer. Du hast uns versprochen, bei uns zu bleiben bis ans Ende aller Tage, bleibe uns jetzt nahe und lasse uns den Geist deiner Liebe spüren. Amen.

Karl Josef Ludwig

„Und das ewige Licht leuchte ihr"

Situation

Tod einer Mutter nach langem Krebsleiden

Tod einer 41jährigen Mutter, die nach langem und schwerem Krebsleiden verstarb. Sie hinterläßt zwei Kinder im Jugendalter.

Beim Tod des Vaters der Verstorbenen zwei Jahre zuvor war es in der Familie u. a. wegen Erbstreitigkeiten zu großen Spannungen gekommen. Die Notwendigkeit der Pflege der Verstorbenen „rund um die Uhr" hat die Familie einander wieder nähergebracht und versöhnt.

Lesungsvorschlag

Joh 12, 23–26

Ansprache

Wir sind heute hier zusammengekommen, um Abschied zu nehmen von Ihrer Frau, Ihrer Mutter. In den letzten Wochen haben Sie immer mehr geahnt, daß Ihnen diese schwere Stunde bevorstehen würde. Nun nehmen Sie endgültig Abschied von einem Menschen, der Ihr Leben geprägt und begleitet hat.

Als Angehörige der Verstorbenen stehen Sie hier zusammen. – Angehörige: Kein Wort kann besser ausdrücken, was Sie mit Ihrer Frau, Ihrer Mutter verbindet. Sie gehören zu ihr, und sie gehört zu Ihnen.

In diesem Augenblick geht Ihr Blick zurück auf all die Jahre, die Sie mit ihr gelebt haben. Sicher auch auf das letzte Jahr der Begleitung in ihrer schweren Krankheit. Diese Zeit war wahrlich nicht immer leicht für Sie, ganz beansprucht zu sein für die Pflege, rund um die Uhr, das geht manchmal bis an die Grenze der Kraft. Dennoch bin ich überzeugt, daß die Zeit der Pflege im letzten Jahr eine der intensivsten Zeiten war, die Sie mit Ihrer Frau, mit Ihrer Mutter gehabt haben. Das Wissen um das Angewiesensein aufeinander, die körperliche Nähe bei der Pflege, das wortlose Verstehen durch Gesten oder einen Gesichtsausdruck, das hat Ihre Familie geprägt, das hat Ihrer Beziehung untereinander – davon bin ich überzeugt – eine neue, eine tiefere Dimension gegeben.

Sie hatten einen Platz im Herzen Ihrer Frau, Ihrer Mutter, den Ihnen keiner nehmen konnte. Nun hat sie ihren Platz in Ihren Herzen. Sie war und bleibt Ihnen nahe, wenn sie auch nicht mehr sichtbar an einem bestimmten Ort ist.

Sie selbst ist nun in der Heimat, die sie Zeit ihres Lebens versucht hat zu geben. Sie konnte nur geben, weil sie etwas geahnt hat von dieser ewigen, bleibenden Heimat, zu der auch wir unterwegs sind.

In dieser Stunde haben wir die Gewißheit: Sie hat sich nicht getäuscht, sie ist nun angekommen, sie ist von einer anderen Hand umfangen. Nichts war umsonst in ihrem Leben, weil es nun in Gottes guter Hand ruht.

Wir werden ihren toten Leib in die Erde legen und dabei das Wort bedenken: „Wenn das Weizenkorn nicht in die Erde fällt und stirbt, bringt es keine Frucht."

Ich möchte mit Ihnen beten, daß das Leben Ihrer Frau, Ihrer Mutter Frucht bringe in allen, die sie zurückgelassen hat. So wird ihr Todestag zum Geburtstag für ein neues Leben.

Ich wünsche Ihnen von ganzem Herzen, daß Sie die Verstorbene nun in einem neuen Licht sehen können, in dem Licht, das ihr und uns leuchtet, in diesem ewigen, nicht von Händen errichteten Haus im Himmel.

Fürbitten

Der Herr hat gesagt: „Kommt her zu mir alle, die ihr mühselig und beladen seid!" Dieser Ruf ist voller Verheißung für uns, die beladen sind mit Trauer und Leid:

- Wir danken dem Herrn für sein Rufen, richten unsere Augen zu ihm hin und bitten: Daß er uns stärke zu neuem Glauben und zu neuer Hoffnung. – Christus, höre uns! Christus, erhöre uns!
- Wir danken dem Herrn, daß wir in der Gemeinde seiner Gläubigen die Botschaft von der Auferstehung und vom Ewigen Leben vernehmen, und bitten für die Kirche: Daß sie in allem Unheil des Weltgeschehens und unseres Lebens das Heil verkündige, das Jesus Christus uns in seinem Wort und Sakrament anbietet. – Christus, höre uns! Christus, erhöre uns!
- Wir danken dem Herrn, daß er uns weder mit unserer Lebenshoffnung noch mit unserer Todesfurcht allein läßt, und bitten für alle, die heute trauern: Daß der christliche Glaube ihnen die

Dunkelheit dieses Tages durchstrahlt. – Christus, höre uns! Christus, erhöre uns!

– Wir danken dem Herrn für all das Gute, das er im Leben unserer Verstorbenen gewirkt hat; für all das Gute, das wir und andere Menschen durch sie erfahren haben, und bitten für unsere Verstorbene: Daß sie hinter der Schwelle des Todes den weiten Raum des ewigen Lebens und die Fülle des Lichtes erfahre. – Christus, höre uns! Christus, erhöre uns!

Allmächtiger Gott, erfülle die Bitten, die wir hier vor dir ausgesprochen haben. Erhalte uns in der Gewißheit, daß wir mit allem, was uns begegnet, bei dir geborgen sind. Durch Christus, unsern Herrn. Amen.

Heinz Dapper

Fragen erdrücken

Situation

Der Tod eines Jugendlichen stellt unvorbereitet Fragen

Nachts verunglückte ein Jugendlicher mit seinem Moped, es war ziemlich weit weg von zu Hause. Die – kirchenfernen – Eltern hatten sich praktisch um ihn nicht gekümmert, die – in natürlicher Weise fromme – Großmutter war Bezugsperson und Halt. Der Tod traf alle völlig unvorbereitet: In die Familie war etwas eingebrochen, was niemand für möglich gehalten hatte. Ein bislang ziemlich äußerlich verlaufenes Leben fand sich plötzlich ohne irgendeinen Halt und total verunsichert angesichts eines so tief treffenden Ereignisses. So gab es überall nur Fragen, vor denen vor allem die Eltern völlig hilflos standen. Verschlimmert wurde diese Situation noch durch heftige Selbstvorwürfe der Eltern.

Jes 25, 8–9; Lk 7, 11–17

Ansprache

Wie der Alltag so ist:
- Man geht zur Arbeit,
- sonntags wird ausgeschlafen,
- und abends ist Fernsehen angesagt.

Nichts Weltbewegendes. Eben das, was Menschen in diesem Teil der Welt so tun.

Nur manchmal,
- da schrecken wir auf,
- da scheint unser Alltag für einen Moment den Atem anzuhalten.

So wie jetzt, wo wir einen jungen Menschen zu Grabe tragen.

Der Tod läßt fast immer erschaudern. Vor allem aber dort, wo er einen *jungen* Menschen packt. Einen Menschen also,
- der das Leben doch eigentlich noch vor sich hatte,
- der noch gar nicht richtig wissen konnte, was „Leben" eigentlich heißt.

Und wir? Wir bleiben zurück mit unseren Fragen:
- Was ist jetzt mit ihm?
- Was ist mit seinen Plänen und Zielen, seinen Hoffnungen und Wünschen?

Umsonst? Sinnlos? Vorbei?

Hier werde ich stumm, weil es zu viele Fragen *ohne Antwort* sind.

Wer das nicht sieht, ernst nimmt *und mitzuleiden* versucht, wer statt dessen lieber gleich mit frommen Sprüchen oder hohlen Phrasen billigen Trost spenden will,
- der nimmt Leben und Tod nicht ernst,
- der nimmt den *Menschen* nicht ernst.

Nein: Der Tod ist kein Kinderspiel, auch nicht für Christen.

Ich kann natürlich weglaufen vor dem Tod und seinen Fragen. Aber keine Angst: Er holt mich wieder ein, irgendwann, irgendwo. Wenigstens halbwegs mit ihm fertig werde ich wohl nur, wenn ich mich ihm stelle. Anders nicht. Noch anders gesagt:

93

– ich muß den Schmerz des Todes durchstehen,
– ich muß *durch* den Schmerz *hindurch* und das letztlich ganz allein: das ist es ja, was ihn so hart macht.

Aber einen anderen Weg gibt es nicht.

Zwei Dinge sollte ich dabei allerdings nicht vergessen und mir immer wieder klarmachen:

Das eine:

Ich bin mit diesem Schmerz nicht allein. Ich darf meine Hände in die eines anderen Menschen legen. Menschen sind da, die mit-leiden und dadurch mit-tragen:

– Warum wären wir sonst hier?
– Warum würden wir sonst unser Mitgefühl ausdrücken, ob mit, ob ohne Worte?

Sich helfen zu *lassen* ist oft schwierig, sicher. Aber wo ich weiß: Ich bin nicht allein, da wird die Last leichter, auch wenn ich sie letztlich allein tragen muß.

Und das zweite:

Es bleibt noch ein Rest, vielleicht eine Ahnung, ein Gespür:

– Was alles mit N. war, das *kann* einfach nicht alles und vorbei sein;
– es darf nicht wahr sein, daß so schnell, so beliebig einfach alles aus sein soll.

Es bleibt eine Ahnung: „Mein Sohn, mein Enkel, mein Freund, mein Kumpel: Du bist nicht tot! Du lebst! Ich ahne es. Ich spüre es. Irgendwie weiß ich das."

An dieser Ahnung setzt ganz vorsichtig jene Botschaft an, für die wir gerade jetzt, an diesem Ort und zu dieser Stunde, nicht taub sein sollten; jene Botschaft, die unüberhörbar sagt: Du hast recht, deine Ahnung trügt nicht:

– Es gibt ein Leben, in dem all unser Fragen eine Antwort erfährt.
– Es gibt ein Leben, in dem alles Bruchstückhafte vollendet wird.
– Es gibt ein Leben, in dem unser jetziges Leben zu seinem eigentlichen Ziel gelangt.
– Es gibt ein Leben ohne die Schranken von Raum und Zeit, von Vergänglichkeit und Vergeblichkeit.

Das ist das Leben, wo wir N. jetzt vermuten. Ein Leben, in dem
- all das, was er hier mit sich herumgeschleppt hat,
- all das, womit er vielleicht nicht fertig geworden ist,
- all seine Sehnsüchte und Träume, seine Hoffnungen und Wünsche in eine neue, andere Dimension aufgenommen, übersetzt und verwandelt werden.

„Tod" ist eben *nicht* das letzte Wort im Leben des Menschen, auch nicht bei N.

So bleibt wohl dies:

Wir trauern oder weinen hier auch am Sarge eines Menschen, den wir vielleicht sehr liebhatten: Wen ich geliebt habe, der nimmt ein Stück meines Herzens mit. Selbst Jesus hat am Grabe seines Freundes Lazarus geweint. Aber derselbe Jesus gibt Hoffnung, wenn er sinngemäß sagt: Die Toten werden *leben!* Das Leben ist im Tod nicht zerstört, sondern erneuert in Gott. Ich weiß: Wir *Lebenden* begreifen das nur schwer, weil wir dazu noch viel zu klein und zu schwach sind. Aber vielleicht *ahnen* wir, was das bedeutet: N. hat das *Leben* noch *vor* sich, auch wenn er so jung von uns gegangen ist.

Fürbitten

Herr! Du trägst die Menschen im Leben und im Tode. Zu dir beten wir:

- Nimm den so plötzlich aus unserer Mitte gerissenen N. in deine Nähe und laß ihn bei dir Ruhe und Frieden finden.
- Laß ihn bei dir das an Leben finden, was für ihn hier auf Erden noch unerfüllt geblieben ist.
- Gib den trauernden Angehörigen Menschen, die ihnen tröstende menschliche Nähe schenken.
- Hilf denen, die dieser Tod betroffen macht, durch alle Fragen hindurch doch einen lebbaren Weg zu finden.
- Offenbare dich allen Menschen als das Ziel und die Erfüllung ihres Lebens.

Gott! Manchmal scheinen uns Fragen und Probleme zu erdrücken. Sei uns gerade dann nahe als ein tröstender Gott, der uns auch dort nicht fallenläßt, wo wir selbst keinen Weg mehr wissen. Amen.

Hermann Punsmann OFM

„Ich steh vor dir mit leeren Händen"

Situation

Unfalltod eines Jugendlichen

Der 17jährige Jugendliche war auf tragische Weise (ohne irgendein Fremd- oder Selbstverschulden) ums Leben gekommen. N. war gerade ein halbes Jahr aus der Hauptschule entlassen; so nahmen an der Beerdigung neben der eher konservativ-katholischen Nachbarschaft auch viele ehemalige Schülerinnen und Schüler seiner alten Hauptschulklasse teil; fast alle „nichtkirchlich".

Lesungsvorschläge

Röm 8, 31b–39; Mk 15, 33–39
(Der Text GL 621, 1 u. 2 wurde als Antwortgesang auf dem Hintergrund von Orgelmusik vorgetragen)

Ansprache

„Ich steh vor dir mit leeren Händen ..., fremd wie dein Name sind mir deine Wege." Nicht viel mehr als das kann ich heute sagen: Wir stehen da, mit leeren Händen, weil der Tote uns wirklich aus den Händen gerissen ist.
Wir stehen da, mit leeren Händen, weil viele von uns in den letzten Tagen nach Worten gesucht und gerungen haben, um zu begreifen, was da geschehen ist. Aber so ein Tod macht vor allem sprachlos und stumm, und wenn uns Worte in den Sinn gekommen sind,

dann nur die Frage: Warum mußte N. sterben? Was kann denn solch ein Tod für einen Sinn haben?

Doch da läßt sich nichts verstehen und begreifen. Die Frage nach dem Warum, tausendmal gestellt, nicht nur heute morgen: Keiner kann darauf etwas sagen. Jeder einzelne von uns steht da mit leeren Händen, und auch, wer irgendwie an Gott glaubt, kann nur die Worte des Liedes wiederholen: Fremd wie dein Name, Gott, sind mir deine Wege.

Was können wir noch tun? Wie können wir im Angesicht dieses Todes leben? Etwas haben wir schon getan, und wir müssen das auch noch eine lange Zeit weiter tun: unsere leeren Hände ausstrecken nach etwas, was uns Trost gibt und uns festhält. Das ist in den letzten Tagen oft geschehen: Es gab viele Zeichen der Verbundenheit und der Nähe, daß keiner, kein einziger mit seinen Tränen, mit seinem Schmerz allein bleiben muß, daß keiner ganz gefangen und isoliert bleibt von der Kälte des Todes und der Trauer. Und deshalb ist es gut, daß so viele heute morgen gemeinsam von N. Abschied nehmen. Wenn einer den anderen braucht, dann heute und in den kommenden Tagen und Wochen. Und wir brauchen auch einander, wenn die Gefahr des Vergessens größer wird und man wieder zur Tagesordnung übergehen will, so, als sei alles nur ein böser Traum gewesen.

Etwas anderes tun wir heute morgen recht selbstverständlich, und vielleicht für manche sogar zu selbstverständlich: Wir reden mit Gott, strecken ihm unsere leeren Hände entgegen: die Fragen, die Trauer, den Zorn, und wir tun das vielleicht sogar mit der Hoffnung, daß er sie nicht ganz leer lassen wird.

Das, womit er unsere leeren Hände füllen kann, ist wenig und viel zugleich: Wenig, wenn es darum ginge, den Schmerz möglichst bald zu besiegen und die Antwort auf alle Fragen zu bekommen. Der Glaube ist kein Medikament, das man schluckt, und dann wird alles anders. Er macht nichts ungeschehen oder löscht das Schreckliche spurlos aus.

Der Glaube richtet unseren Blick auf nichts anderes als auf das Kreuz Jesu Christi. Da gibt es nichts zu verharmlosen: Am Kreuz hat er die gleichen quälenden Fragen gehabt, die gleiche Verzweiflung gespürt, die gleichen Schmerzen erlitten, wie sie jeder andere Mensch im Sterben erleidet, ja, wie sie einer kaum schlimmer erfahren kann. Diese Fragen hat er seinem Gott, auf den er sein Leben lang gehofft hat, buchstäblich entgegengeschrien, so, als habe er ein Recht auf eine Antwort, aber auch so, als ob es eine Antwort geben muß. Ich möchte es in einem Bild sagen:

Manche Kreuzesdarstellungen zeigen Jesus am Kreuz so, daß das Kreuz an dem Querbalken festgehalten und getragen wird von den Händen Gottes. Ich meine, es ist ein Bild, in dem wir vorkommen und das uns einen Schritt weiterbringen kann: Wie Jesus habe ich Fragen an Gott, erlebe ich ihn fremd, kann nicht verstehen, daß er nicht eingreift, sondern Leiden und Schmerzen zuläßt.

Wie Jesus glaube ich, bei allen Fragen, bei aller Hilflosigkeit: Selbst im Tod sind wir gehalten von dem, der uns nie ganz fallenläßt.

So versuchen wir auch und vor allem heute morgen zu glauben: Gerade in seinem Tod ist N. gehalten von Gott. Gott nimmt nicht das Leid von uns, aber gerade mitten im Leiden trägt er uns und hält uns fest.

Fürbitten

Wir wollen in Stille beten: Für N., daß Gott ihm die Fülle seines Lebens schenkt ... für uns selbst, einer für den anderen, daß wir uns in unserer Trauer gegenseitig tragen können und von Gott getragen wissen ... für alle Menschen, die zu früh sterben ...

(Nach einer kurzen Stille wird vorgetragen GL 621, 3.)

Clemens Kreiss

Der Tod – das schmerzliche Geheimnis zwischen Gott und dem Menschen

Situation

Unfalltod eines Schulkindes

Ein Schulkind kam bei einem Verkehrsunfall ums Leben. Die ganze Familie ist sehr erschüttert und mit mir viele Verwandte, Freunde und Nachbarn. Alle quälen sich mit der Frage, warum ein Mensch so früh gestorben ist, besonders die Mutter spricht von ihrem Schmerz, das Kind abgeben zu müssen.

Lesungsvorschläge

1Thess 5, 1–11; Joh 3, 1–12 oder Jer 6, 16.21.24–26; Joh 16, 16–22

Ansprache

Der Tod hat uns aus unserem Alltag gerissen. Oft geht alles seinen Gang, als müßte es immer so weitergehen. Dabei vergehen die Jahre, und besonders an den Kindern merken wir dann, wie die Zeit vergangen ist. Daß wir nicht ewig so zusammenbleiben, das ist uns eigentlich klar, aber bewußt machen wir es uns kaum.
Jeder ist auf seinem Weg – vom Anfang zum Ziel –, nur auf einem Teil dieses Weges gehen wir gemeinsam. Abschied, Trennung können uns einmal leichter fallen, oft sind sie schwer.
Keiner von uns hat seinen Anfang bewußt selbst bestimmt, wir werden auf die Bahn gestellt, und unser Leben nimmt seinen Lauf. Wir machen uns Pläne, was wir erreichen möchten, was alles zu unserem Leben dazugehören soll. Nach welchen Maßstäben eigentlich? Sind hundert Jahre doppelt soviel wert wie fünfzig? Kann man das Glück am Besitzstand festmachen? Wie viele gibt es, denen andere sagen: Du kannst doch zufrieden sein. Und sie sind es doch nicht. Die Kunst des Lebens ist, etwas daraus zu machen. Nicht dem Vergangenen zu großes Gewicht zu geben, nicht das Heute zu entwerten im Planen für morgen. Im Augen-

blick ganz dazusein und doch noch Träume für morgen zu haben.

So zu leben, lernen wir Erwachsenen am besten bei den Kindern. Kind zu sein ist keine geminderte Lebensqualität gegenüber dem Erwachsen- oder Altsein. Leben hat immer seinen Wert, in jedem Lebensalter seinen eigenen. Die Kinder kommen nach uns zur Welt und sind uns doch manchmal weit voraus. Wie oft stehen wir Erwachsenen verwundert und zugleich bewundernd vor ihrer Lebensart.

So war es auch mit N. N. Mit unbekümmerter Leichtigkeit ging er seinen Weg in der Familie, in der Schule und im Sportverein. Große Pläne konnte er schmieden und zugleich ganz zufrieden sein im Augenblick. Jetzt ist sein Weg ganz anders zu Ende gegangen, als wir es uns ausgemalt haben. Sein Schicksal mahnt uns, anzuhalten und nicht einfach weiterlaufen zu lassen, was wir als „das" Leben oft vorschnell zu akzeptieren bereit sind.

So froh Kinder in unserer Gesellschaft sein können, so sehr kommen sie auch zu kurz in den oft kleinen Freiräumen, die wir ihnen lassen. Unser Straßenverkehr ist nicht nur für Kinder gefährlich, was auf den Straßen geschieht, ist ein Symptom für das, was überhaupt in unsrem Leben läuft oder eben nicht läuft. Wir sind so in Eile, wir nehmen uns soviel vor und nehmen uns nicht genug Zeit für uns, geschweige denn noch für andere. Manchmal jedenfalls, zu oft wahrscheinlich.

Jetzt ist der Tod dazwischengekommen, in unser Leben gekommen, mitten hinein in unser Hasten und Jagen.

Er hat jemand von uns mitgenommen, einen der Jüngsten. Niemand gäben wir gerne her, aber die Kinder sollen doch noch viel erleben, viel Besseres als wir.

So wie wir auf die Welt gekommen sind, unter Schmerzen, so gehen die meisten auch wieder davon. Andere werden in Mitleidenschaft gezogen, ganz besonders die Mütter.

„Wie die Geburt das schmerzliche Geheimnis zwischen Mutter und Kind, so ist der Tod das schmerzliche Geheimnis zwischen Gott und Mensch", sagt uns der Dichter Franz Werfel.

Was man so unter Schmerzen errungen hat, das ist besonders kostbar und das gibt niemand gern her. Aber wir Menschen sind kein

Besitz, das Leben ist kein Besitz. Es ist eine Gabe, ein geliehenes Gut, einer ist dem anderen zur Obhut anvertraut. Letztlich aber gehen wir jeder unseren Weg und gehen dem Ziel, der Vollendung entgegen. Als Glaubende wissen wir Gott im Spiel, er setzt andere Maßstäbe als wir. Ihm gefällt sicher nicht, wie wir manchmal unser und anderer Leben verplanen, vollstopfen mit nur relativ Wichtigem. Aber er hat Freude am Leben und an der Gemeinschaft, er selbst ist Liebe. Sollte er uns zu etwas anderem bestimmt haben? Wenn schon die Geburt uns, zwar unter Schmerzen, zu ungeahnten Lebensmöglichkeiten und in enorme Freiheit entläßt, sollte dann der Tod ein ganz anderer Wandel sein? Wenn wir glauben, daß den Verstorbenen das Leben nicht gemindert wird, sondern ganz und gar erfüllt, können wir dann meinen, daß es besser ist, möglichst alt zu werden? Viele alte Menschen können ein Lied davon singen, wie schwer auch das Altsein fallen kann, nicht nur das Jung-Sterben.

Liebe Familie N. N. Jetzt sind sie traurig und haben einen großen Verlust zu verschmerzen. Aber sie haben auch gute Erinnerungen, es war eine erfüllte, wenn auch kurze gemeinsame Zeit. Niemals haben wir Menschen beim Abschied das Gefühl, daß wir schon alles getan hätten, daß man es nicht hätte noch besser machen können. Aber Gott nimmt uns in dieser Begrenztheit an und erfüllt mit seiner Zukunft, was noch fehlt. Bei ihm brauchen wir nichts zu entbehren. Möge Gott nicht nur N. N. neu das Leben schenken, sondern auch uns, die wir hier zurückbleiben und uns noch weitermühen müssen. Möge er uns die Kraft geben, einander zu trösten und zu ermutigen. Es ist nicht leicht zu verzeihen, daß jemand mit dem Auto einen anderen zu Tode gebracht hat. Es ist oft noch schwerer, sich selbst zu verzeihen.

Gott hat selbst den Weg als Mensch auf sich genommen, und Jesus ist nicht so alt geworden, wie manche sich es erträumen. Aber er hat sich geborgen gewußt bei seinen Freunden und bis zuletzt auf Gott vertraut. Sein Leben und Sterben wird jetzt in unserer Mitte gegenwärtig, und wir verbinden unsere Verstorbenen und unser Dasein mit ihm, damit im Leben und im Tod seine Kraft siege.

Beten wir zu Gott, der uns das Leben geschenkt hat und auf ewig schenken will:

– Für N. N., dessen Weg so früh und schmerzlich zu Ende gegangen ist. Gott vollende und erfülle, was er in ihm begonnen hat.
– Für uns alle, die wir gemeinsam auf dem Weg des Lebens sind, daß wir in guten und schweren Stunden zusammenstehen und aufeinander Rücksicht nehmen.
– Für alle Opfer im Straßenverkehr, daß ihr Schicksal uns aufrüttelt und ihr Opfer nicht vergeblich sein läßt.
– Für die Politiker und alle Verantwortlichen im Straßenverkehr, um kluge Planung und verantwortliche Lösungen für unsere Aufgaben.

Denn in dir, Gott, ist unser Anfang und unser Ende, begleite unser ganzes Leben mit deinem Geist, durch Jesus Christus, unsern Herrn.

Rainer B. Irmgedruth

Das Leben – mehr als nur ein Spiel

Situation

Tod eines jungen Fußballfans

Tod eines 19jährigen, der auf der Rückfahrt von einem Fußballbundesligaspiel in Gelsenkirchen (F.C. Schalke 04) schwer verunglückte und zwei Wochen später starb. Der Jugendliche war aktives Gründungsmitglied eines Fanclubs im westlichen Münsterland. Er hatte zur Pfarrgemeinde nur losen Kontakt, besuchte ab und zu die Teestube und die offenen Jugendtreffs. Die Familie des Verstorbenen besuchte nur selten den Gottesdienst, ist mir aber

persönlich bekannt. Bei der Beerdigung waren zahlreiche seiner
Freunde aus dem Fanclub anwesend.
Die Trauerfeier wurde nicht in Verbindung mit einer Eucharistie-
feier gehalten.

Lesungsvorschlag

1 Kor 9, 24–27

Ansprache

N. N. ist tot! Wie ein Lauffeuer ging diese Nachricht durch unsere
Gemeinde. N. N. ist tot – viele können es noch gar nicht fassen.
Viele Fragen hat dieser Tod aufgewühlt. Heute nachmittag stehe
ich hier, um trotz allem ein paar Worte zu sagen, vielleicht eine
Antwort mit Ihnen zu suchen.
Als ich den Trauerbesuch bei Ihnen, den Eltern, machte, baten Sie
mich, wenn möglich, etwas zu sagen von N.s Liebe zum Fußball.
Sie zeigten mir auch das Zimmer ihres Sohnes. Es war randvoll
gefüllt mit Emblemen des bekannten Fußballclubs und vielen
Ausschnitten aus der Stadionzeitung „Schalker Kreisel". Ich habe
zunächst sehr gezögert, als ich über Ihren Wunsch nachdachte.
Aber je mehr ich mich in das, was ich im Zimmer Ihres Sohnes
gesehen habe, hineinvertiefte, desto deutlicher wurde mir auch: Ja,
du versuchst es, denn vielleicht ist das Leben von N. selbst die
Antwort, auf die wir alle warten.
Gut in Erinnerung geblieben ist mir eine dicke Schlagzeile:
„Schalke 04 – das ist mein Leben." Ja, das hat sicher gut zu N.
gepaßt. Wenn auch nicht sein ganzes Leben, aber einen großen Teil
seines Lebens hat er „auf Schalke" verbracht. Vielleicht sind manche unter uns, die sich darüber ärgern – ein verrückter Spinner.
Vielleicht aber ist uns der Tod von N. auch Anlaß, einmal über
unser Leben nachzudenken.
Für viele von uns ist sicher Fußball nicht das ganze Leben, auch
wenn wir einen Teil unseres Lebens auf dem Sportplatz verbringen. Aber was ist das denn eigentlich – mein Leben? So manches
vom Fußball läßt sich doch auf unser Leben übertragen, und ich

möchte es einfach einmal versuchen und Sie einladen, diese Worte an sich herankommen zu lassen.

Ein Fußballspiel findet auf einem eigens dafür vorgesehenen Platz statt, begrenzt auf 70 x 105 Meter. Auf diesem begrenzten Platz fällt das Ergebnis, das für den Tabellenplatz am Ende einer Spielzeit von Bedeutung ist.

Ist das mit unserem Leben nicht auch so? Auch wir, jeder von uns, hat einen ihm zugewiesenen Lebensraum: in der Familie, im Beruf, in der Gemeinde, in der Gesellschaft. Wir können nicht überall gleichzeitig unser Leben leben, sondern nur in einem geographisch begrenzten Raum. Das Lebensspiel außerhalb des uns zugewiesenen Raumes fiele aus.

Lassen Sie mich einen zweiten Gedanken anfügen:

Bekanntlich gibt es keine Mannschaft, die die ganze Meisterschaftssaison ohne Niederlage übersteht. Wichtig ist es für jede Mannschaft, daß sie nicht nur Siege feiern, sondern auch Niederlagen verdauen kann. Nicht der einzelne Sieg oder die einzelne Niederlage ist in unserem Leben entscheidend, sondern das Gesamtergebnis von Siegen und Niederlagen entscheidet letztendlich über den Tabellenplatz. Ob dies nicht auch eine wichtige Erkenntnis für unser Leben sein könnte?

Ein weiterer Gedanke:

Für jede Mannschaft ist es wichtig, daß sie individuelle Ballkünstler hat, aber viel wichtiger ist es, ob die Mannschaft harmoniert, ob sie eine Einheit bildet, ob die einzelnen Spieler aufeinander abgestimmt sind. Fußball kann man nicht allein spielen, sondern nur miteinander, in einer Mannschaft.

Vielleicht kommt hier der Vergleich mit dem Leben am deutlichsten zum Ausdruck. Der Mensch braucht die Gemeinschaft mit dem anderen. Würde er sein Lebensspiel allein spielen wollen, stände er von vornherein auf einer verlorenen Position, „im Abseits".

Und noch ein letzter Gedanke:

Das Fußballspiel beginnt immer durch den Anstoß aus der Mitte. Nach jedem Tor, das geschossen wird, ob gegen oder für eine Mannschaft, wird das Spiel immer wieder aus der Mitte neu angefangen. Jedem Spieler ist damit die einmalige Chance gegeben, das Resultat zu verbessern.

Auch unser Leben bedarf einer Mitte, will es nicht sinnlos ins Abseits laufen. Was könnte die Mitte unseres Lebens, die Mitte meines Lebens sein? Das, was für mich von Bedeutung ist, von wo aus ich immer wieder neu ansetzen kann?

Als Christ möchte ich dieses sagen: Unsere Mitte ist Jesus Christus selbst, bei dem ich mich in der Freude des Sieges, aber auch in der Niedergeschlagenheit eines Gegentores getragen wissen darf. Der hl. Paulus – wir haben es in der Lesung dieses Gottesdienstes gehört – vergleicht das Leben des Christen mit einem Wettkampf.

Aber damit komme ich auch zu einem wichtigen Unterschied zwischen unserem Leben und dem Fußballspiel: Beim Fußballspiel weiß man, es endet nach 90 Minuten, es kann höchstens noch eine Verlängerung oder vielleicht noch ein Wiederholungsspiel geben. Über das Spiel unseres Lebens wissen wir nie, wann es zu Ende geht, und es gibt weder ein Verlängerungs- noch ein Wiederholungsspiel.

Vielleicht ist dies die Botschaft von N. N. an uns heute: Spielt euer Leben so, daß ihr stets guten Gewissens euer Spiel aus der Hand geben könnt. Bleibt bei einer Niederlage nicht am Boden zerstört liegen, sondern habt die Kraft, immer wieder aufzustehen und neu anzufangen. Wir Christen nennen dies „Auferstehung", Auferstehung schon mitten im Leben. Christus selbst möchte uns die Kraft dazu geben.

Wenn wir versucht haben, unser Lebensspiel so gut wie möglich zu spielen, dann wird er uns schließlich sagen: „Komm her, ich will ein Fest mit dir feiern. Was an deinem Lebensspiel unvollendet geblieben ist, das ergänze ich, weil ich dich gern habe."

Wenn Dieter selbst zu uns sprechen könnte, vielleicht würde er uns heute als sein letztes Wort, sein Testament, den Satz mitgeben:

Trauert nicht übermäßig um mich, ich habe mein Spiel zu Ende gespielt, und Gott hat mir den besten Preis dafür geschenkt, der möglich ist: das ewige Leben. Ich kann und darf jetzt mit ihm ein wunderbares Spiel voller Überraschungen spielen, das niemals mehr aufhört.

Legen wir in diesem Vertrauen das Leben von N. N. aus unserer Hand in die Hand Gottes.

(Wesentlich inspiriert zu dieser Predigt wurde ich durch A. Nowak, „Verehrte Zuhörer! Kurzpredigten", Verlag Friedrich Pustet, Regensburg 1987, hier bes. das Kapitel: „Mit dem Leben ist es wie mit einem ... Fußballspiel", S. 72 ff.)

Fürbitten

Herr Jesus Christus, im Vertrauen auf deine Hilfe bitten wir dich heute:

- Für unseren verstorbenen Bruder N. N.: Vollende du an seinem Leben, was in der Taufe mit ihm begonnen hat.
- Zeige allen suchenden und fragenden Menschen den Sinn ihres Lebens.
- Erbarme dich aller Völker, die von Krieg und Aufruhr heimgesucht werden, und laß sie Wege zum Frieden finden.
- Schenke uns mitten in unserem Leben die Erfahrung von Gottes Nähe.

So bitten wir durch Christus, unsern Herrn. Amen.

Heinz Dapper

„Jetzt könnt ihr es noch nicht ertragen"

Situation

Tod eines jungen Mannes durch Verkehrsunfall

Predigt anläßlich der Beerdigung eines jungen Mannes, 25 Jahre, der durch einen Verkehrsunfall ums Leben gekommen ist. Er hatte einen festen Platz in der Leiterrunde unserer Gemeinde und hat sich sehr für Kinder engagiert.

Joh 16, 12–15; Joh 14, 16–21

Ansprache

N. ist nicht mehr unter uns. Wir können seine Stimme nicht mehr hören. Wir können seinen festen Händedruck nicht mehr spüren. Sein Platz in unserer Mitte ist leer. Wir werden bei der nächsten Leiterrunde Blumen an die Stelle legen, an der er immer gesessen hat. Manchmal hat er dort seinen Kopf aufgestützt, nachdenklich oder betroffen, wenn ihm etwas naheging. So vieles ging ihm nahe; er konnte dann nicht einfach zur Tagesordnung übergehen. Ich sehe ihn vor uns: Richtig wütend konnte er werden, wenn einem anderen nach seiner Meinung ein Unrecht widerfahren war. Die Kinder in seiner Gruppe liebten ihn, sie sahen in ihm den großen Bruder, der alles mit sich machen ließ. Aber sie wußten auch: Manchmal konnte er ganz ernst werden, und dann wurde es still in der Gruppe.

Ich erinnere mich so gern an die Woche im Lager, als er uns seine Heimat erschlossen hat. Wir haben Wasser geholt aus der Quelle, direkt neben dem Hof, auf dem er seine Kindheit verbracht hat. Wie glücklich war er, wenn wir uns dort wohlfühlten und Anteil nahmen an seinen Erinnerungen.

Es tut weh, nun in der Vergangenheitsform sprechen zu müssen. Es stimmt nicht, er ist doch gar nicht tot, so habe ich gestern gedacht. Es ist alles wie ein böser Traum, morgen werde ich wach, und es ist alles ganz anders.

Wie muß es Ihnen zumute sein, liebe Eltern und Angehörige? Ein Stück Ihres eigenen Lebens wird Ihnen entrissen. Nichts mehr wird so sein wie vorher. Wie wird für dich, N., ein Leben ohne ihn sein? Verdient es noch diesen Namen? Alles ist nun wie aufgespalten in ein Vorher und ein Danach.

Wie ist das passiert? Ich gehe die Tage und Stunden vor seinem Tod nach, seine Worte sind nun seine letzten Worte, bekommen eine Bedeutung, werden ganz kostbar. Wir ahnten es nicht, daß es seine letzten Worte waren. Schuldgefühle mischen sich in die Trauer. Was hätten wir ihm gern sagen mögen, wenn wir gewußt hätten ...

Nun ist es zu spät, wir können dir nichts mehr sagen, N. Hörst du uns noch? Wir möchten dir sagen, daß wir dich gern haben. Haben wir es dir vorher genug gesagt? Du hättest es abgewehrt mit der Bewegung, die wir bei dir kannten. Jetzt dürfen wir es, weil wir spüren, daß du uns so nahe bist, daß du uns hören kannst. Wir danken dir für deine Geduld und für deine Ungeduld, für dein Lachen und für deine Fragen, die manchmal so unbequem waren. Wir sagen dir Dank für deine Freundschaft und dein Verstehen. Du hast unser Leben verändert, einfach weil es dich gab. Wir sind heute anders – das spüren wir erst jetzt, wo du nicht mehr unter uns bist.

Bleibe bei uns, N.! Wir wollen die leere Stelle, die du zurückgelassen hast, offenhalten – bleibe bei uns durch diese offene Stelle. Die hilflosen Zeichen unserer Freundschaft und Trauer werden verblassen, die Blumen an deinem Grab werden verwelken. Aber irgendwann und irgendwo wird es ganz still bei uns werden, und wir warten dann auf ein Wort von dir. Es wird uns helfen, einen Weg aus der Sackgasse zu finden. Wir werden dann auf deine Stimme hören, du wirst uns helfen.

In diesen Tagen vor Pfingsten hören wir die Worte aus den Abschiedsreden Jesu: „Jetzt könnt ihr es noch nicht ertragen, wenn er aber kommt, der Geist der Wahrheit, wird er euch in die ganze Wahrheit einführen" (Joh 16, 12–13).

Ja, Herr, wir können es nicht ertragen, und es ist ja unerträglich. Schicke uns deinen Beistand, der uns tröstet und die Wahrheit sagt. Wir brauchen ihn. Er wird uns an die Hand nehmen und ganz langsam und leise das sagen, was wir verstehen können. Nicht die großen Worte, o nein, Herr, die verstehen wir nicht und die helfen nicht.

Sag uns ein leises Wort in unser Herz, in unseren Schmerz hinein. Ein Wort von deinem guten Geist – dann verstehen wir, daß es ein Wort von N. N. ist. Er allein vermag uns das gute, das richtige Wort zu sagen. Denn sein Leben ist nun ganz bei dir, und daher wird es nun zu uns sprechen, deutlicher und klarer als je zuvor. Ich erinnere mich an ein Wort: Es ist gut, Freunde unter den Verstorbenen zu haben. Wir haben einen Freund bei dir. Unseren N. Wir sind auf eine geheimnisvolle Weise miteinander verbunden.

Fürbitten

Herr Jesus Christus, du bist von uns gegangen. Du hast uns deinen Geist hinterlassen, der uns an alles erinnert, was du uns gesagt hast. Er betet nun in uns und gibt uns die rechten Worte ein.

- Erinnere uns an alles, was N. uns gesagt hat, und laß uns Mut und Kraft daraus schöpfen.
- Laß uns seine Botschaft hören und Kindern und Jugendlichen nahe sein.
- Tröste seine Angehörigen durch den Glauben, daß er nun in dir vollendet ist.
- Hilf uns allen, das Leben zu achten und zu schützen, vor allem das Bedrohte und Kleine.
- Führe uns alle durch die Erinnerung an N. tiefer zusammen und sei du die Kraft unserer Freundschaft.

Herr, unser Leben ist ständig bedroht und in Gefahr. Du hast uns deinen Beistand verheißen. So mache dein Versprechen wahr und stärke und tröste uns durch die Kraft deiner verborgenen Gegenwart. Laß uns nicht als Waisen zurück. In aller Trauer danken wir dir, daß du uns N. geschenkt hast. Verbinde uns auch weiterhin. Dir sei Preis und Ehre heute und in Ewigkeit. Amen.

Wilfried Göddeke

Wie sollen wir weiterleben?

Situation

Plötzlicher Tod eines Babys

Vier Wochen nach der Taufe war die Mutter mit der kleinen N. und ihrem Brüderchen bei einer Freundin zu Besuch. Das Baby ist müde – es wird ins Kinderzimmer der Familie ins Bett gelegt. Als die Mutter nach einer halben Stunde kommt, nach ihrem Kind zu sehen, ist es tot – alle ärztlichen Bemühungen bleiben umsonst.

Lesungsvorschläge

Gal 4, 4–7; Lk 7, 11–17

Ansprache

Wir machen uns Sorgen um die Zukunft der Welt. Und ich frage mich oft, wie es jungen Eltern gehen mag, wenn wieder ein Tanker-Unglück das Meer verschmutzt, wenn vom Versagen der Auto-Katalysatoren oder der Sicherungen in Atomkraftwerken geschrieben wird, wenn Ozonloch, Klimakatastrophen, Überbevölkerung und neue Krankheiten die Lebens- oder Überlebenschancen eingrenzen. Ich stelle fest, daß wir – auch in unserem relativ geschützten Dorf – immer häufiger über die Fragen sprechen, diese Sorgen auch uns immer bedrängender erscheinen. Und wenn es „nur" das ist, daß ein Bauer auf seinem Hof tiefer nach Grundwasser bohren muß, weil die bisherigen Quellen nicht mehr ergiebig sind oder aber verschmutztes Wasser bringen.
Als wir N. vor vier Wochen getauft haben, da haben wir an all diese Sorgen nicht gedacht. Da strahlte uns ein kleines Kindergesicht entgegen – und wer mag da Pessimist sein? Es gibt so viele schöne Sprüche, daß kleine Kinder Zeichen der Zuversicht seien, deutliche Hinweise, daß Gott seine Welt nicht verlassen werde. Und wir nehmen solche Sätze ja gern an.
Ich erinnere mich gut daran, daß ich einmal sehr mißmutig im Wartezimmer des Arztes warten mußte, von einem sehr schmerzhaften Hexenschuß geplagt. Ich hatte die Ellenbogen auf die Knie gestützt und hielt den Kopf in den Händen, die Augen zu. Da spürte ich irgendwie eine Bewegung, öffnete die Augen ein wenig – und sah ein kleines Kind, das die Mutter auf die Erde gesetzt hatte. Es war auf allen vieren weitergekrabbelt bis zu meinen Füßen und hob jetzt sein Köpfchen, sah mich mit seinen großen, blauen Augen strahlend an – ich konnte nicht anders als mit einem Lächeln antworten. Auch das Kindergesichtchen von N. war so

110

einladend und gewinnend, so sehr ein Bild für Hoffnung und Zuversicht, Zukunft und Leben.

Und N. ist tot.

Als ich Sie, liebe Familie N., zum Taufgespräch besuchte, da sprachen wir über das Leben, dieses unergründliche Geheimnis, das uns immer wieder neu staunen läßt – gerade bei der Geburt eines Kindes. Und als ich Sie nun wieder besuchte, weil N. gestorben ist, da fragten Sie so betroffen: Wie sollen wir weiterleben? Sie haben die Zeit der Schwangerschaft so bewußt erlebt, mit soviel Hoffnung und Freude. Wie intensiv haben Sie die ersten Lebenswochen Ihres Kindes miterlebt – ich erinnere mich gern an die schönen Einzelheiten, die Sie mir vor vier Wochen erzählt haben. Jetzt ist N. tot. Wie sollen *wir* weiterleben? Dieses kleine Kind ist Ihnen so wichtig geworden. Es hat solch einen großen Raum gewonnen in Ihren Herzen! Ein Leben ohne N. ist für Sie gar nicht mehr vorstellbar.

„Ich habe viel Tränen und Trauer an den Gräbern miterlebt, und auch viel falsches Theater. Das ist eben mein Beruf", sagte mir einmal ein im Dienst ergrauter Friedhofsgärtner. Und er fuhr fort: „Aber ich kann es einfach nicht haben, wenn so ein kleines Kind beerdigt werden muß."

Es ist wohl einfach so: Kinder sind in besonderer Weise Zeichen der Hoffnung und Zuversicht. Und der Tod eines Kindes macht uns besonders fassungslos, zeigt uns in schonungsloser Deutlichkeit die Grenzen irdischen Daseins.

Wie sollen wir weiterleben?

Mir scheint es wichtig, daß wir die Trauer leben, liebe Familie N. Sie sehen, daß viele Menschen mit Ihnen trauern. Natürlich ist unsere Trauer weit weg von der Ihren. Und ich kann es gut verstehen, Frau N., wenn Sie in diesen Tagen Ihren Sohn nicht zum Kindergarten bringen mögen, weil Sie die Gespräche mit *den* Müttern fürchten, deren Kinder *leben*. Und ich will Ihnen auch jetzt keine klugen Ratschläge geben – niemand von uns ist so betroffen wie Sie. Aber ich bitte Sie, glauben Sie uns unsere Mittrauer. Wir sind nicht aus gesellschaftlicher Verpflichtung hier. Viele von uns haben Ihnen zur Geburt Ihres Töchterchens gratuliert, einige von uns

haben sich mit Ihnen bei der Taufe von N. gefreut. Und wir alle
sind jetzt mit Tränen in den Augen und Trauer im Herzen hier. Das
erweckt das Mädchen nicht wieder zum Leben. Wir möchten ja so
sehr mit der Witwe von Naïn Gott um Mitleid anrufen. Aber wir
wissen wie Sie nüchtern: Da liegt für uns nicht die Lösung.
Wir sind die Erfahrung gewohnt, daß alte Menschen sterben. Auch
das macht uns oft traurig – aber es ist eine andere Trauer. Und mir
fällt es dann leichter, zu denken, daß die Toten weiterleben. Das ist
nun so – das Leben auf Erden ist begrenzt. Und schön, glauben zu
können, daß das menschliche Leben in Gott fortbesteht. Es ist so
schwer, vom eigenen Glauben zu sprechen. Über den allgemeinen
christlichen Glauben läßt sich grundsätzlich leicht etwas sagen.
Ich frage mich schon, was das denn bedeutet, wenn ich sagen
möchte: Ich glaube – und als Fortsetzung dann nicht, daß es morgen gutes Wetter gibt, sondern daß ich von meiner tiefen, inneren
Überzeugung spreche. Ich will nicht selbstsicher angeben, will
nicht leichtfertig berufsmäßig umgehen damit, mit diesem Satz:
Ich glaube. Ich will es vorsichtig, leise sagen, einladen, daß manche
oder gar viele innerlich einstimmen können: Ich finde die Botschaft Jesu so schön, so erfüllend, daß menschliches Leben nicht
verlorengeht, nicht entschwindet wie ein Windhauch. Ich will es so
gern glauben, daß N. weiterlebt, ohne Last, ohne Leid, ohne Tränen. Jesus von Nazaret hat das Leid gekannt, als Mitleid mit den
anderen, als eigenes Leid – bis in den Tod. Und ich glaube daran,
daß seine Auferstehung allen Menschen gilt, auch der kleinen N.
Wie sollen, nein, nicht wie *sollen*, sondern wie *wollen* wir weiterleben?
Meine Einladung: mit Jesus von Nazaret, im Glauben an seine und
unsere Auferstehung.

Fürbitten

Gott, wir nennen dich gut, obwohl wir dich oft nicht verstehen.
Wir sind hier in der Kirche, obwohl wir oft unsere Zweifel haben.
Aber gerade unsere Zweifel sind auch Verbindung zu dir. Höre
uns, Gott.

- Wir bitten dich für die kleine N., die noch so wenig von unserer schönen und oft so traurigen Welt gesehen hat. Laß sie Erfüllung finden in einer anderen, ewigen Welt bei dir.
- Wir bitten dich für Familie N., die sich so an ihrem Kind gefreut hat. Laß sie in ihrer Trauer nicht allein und hilf uns, diese Trauer mitzutragen.
- Wir bitten dich für die vielen Kinder in der Welt, die nicht erwünscht und erwartet werden. Hilf uns, mit dafür Sorge zu tragen, daß sie Raum für Leben und Liebe finden.

Gott, so stehen wir in unserer Betroffenheit vor dir. Schau auf uns, höre uns, verstehe uns. Amen.

Karl Lenfers

Plötzlicher Tod

„Zu spät, plötzlich ist alles zu spät!"

Situation

Tod eines 58jährigen Mannes durch Herzinfarkt

Der 58jährige war am Tag der Rückkehr aus dem harmonischen Urlaub mit seiner Frau plötzlich tot zusammengebrochen. Herzinfarkt! Die Ehefrau, drei Kinder um die zwanzig Jahre, eine große Verwandtschaft und ein großer Freundeskreis stehen aufgerüttelt und erschüttert, aber auch beklommen und schweigsam vor der Erfahrung, die ein Sohn auf den Punkt bringt: „Jetzt ist alles zu spät!"

Lesungsvorschlag

Sir 41, 1–3(4)

Ansprache

„Jetzt ist alles zu spät!" Das ist das große, furchtbare Gefühl, das Sie, die Sie um N. trauern, so plötzlich überrollt hat. Und es ist wichtig, alle diese Gefühle von Erschütterung bis Wut auszusprechen. Das kann doch nicht wahr sein! Dieser lebensfrohe, agile und attraktive Mann plötzlich tot! Was hätten Sie nicht noch alles vorgehabt mit ihm, und er selbst hatte noch so viele Ziele. Jetzt ist alles zu spät.

Manches ist jetzt offengeblieben, was noch hätte geklärt werden müssen, vielleicht sogar bereinigt. Manches, was man einander schon längst hätte sagen wollen; endlich einmal aussprechen, sich aussprechen und diesen oder jenen Gedanken, vielleicht sogar Vorwurf ... Dieses „zu spät" macht den Abschied so unendlich schwer, die Erschütterung so besonders furchtbar, die Trauerbewältigung so hilflos.

Der Aufschrei der Empörung und die Tränen über dieses so plötzliche Ende der Beziehungen zum Verstorbenen, das Ihnen keine Chance zum gegenseitigen Abschiednehmen gelassen hat, wollen gar nicht recht aus Ihrem Innersten heraus, kommen nicht über Lippen und Lider. Sie fühlen sich wie gelähmt, hypnotisiert vom plötzlichen Schrecken. Man möchte die Zeit anhalten, zurückdrehen, Ereignisse ungeschehen machen. Man traut sich kaum, die innersten Gedanken und Gefühle in Bewegung geraten zu lassen, weil man nicht weiß, ob man ihnen gewachsen ist oder ob sie einen immer tiefer hineinreißen in den Strudel von Hilflosigkeit und Depression.

Warum konnte uns der Tod nicht etwas sanfter mahnen, daß man immer mit ihm rechnen muß! Warum hat er uns keine Chance gelassen, uns gemeinsam mit ihm auseinanderzusetzen, uns ihm vorsichtig tastend anzunähern!?

Dieses lähmende, sprachlose Leid des plötzlichen, unvorbereiteten Abschieds, diese Fragen fordern nun alle Freundschaft heraus, die Ihre Beziehungen prägt und bisher getragen hat: die Freundschaft zwischen Mutter und Kindern, in der Verwandtschaft, mit den Freunden. Es ist keineswegs sinnlos, über das Unabänderliche zu klagen, zu weinen, Empörung auszudrücken. Es ist im Gegenteil erlösend und befreiend, miteinander klagen zu lernen, einander die innersten Gefühle zu schildern, wieder und wieder, auch wenn es immer die gleichen sind.

Der Bibeltext, den ich für sie ausgewählt habe, stammt aus dem Alten Testament. Er schildert das verständliche Gefühl, daß keiner, der mitten im Leben steht, gerne über den Tod nachdenkt: „Bitter ist es, an den Tod zu denken ...", und doch spüren wir mit Ihnen als Trauerfamilie, daß das totale Überraschtwerden vom Tod, ohne sich gemeinsam auf einen endgültigen Abschied vorbereiten zu können, eine noch viel bitterere Erfahrung ist. Für mich persönlich wäre es ein großes Ziel: Auch selbst „immer besser mit dem Sterben leben zu lernen", mich im Kreis meiner Lieben mit diesem so schweren, leidvollen Thema zu beschäftigen. Wo uns davon schon etwas gelungen ist, machen wir tatsächlich die Erfahrung, daß das Leben durch solche Gedanken nicht trübsinniger und trauriger wird, sondern im Gegenteil, bewußter und dadurch froher. Der Bibeltext aus dem Buch Jesus Sirach versucht ein wenig, die Angst vor diesem Thema zu nehmen (hier Lesung).

Fürbitten

- Wir bitten für alle Menschen, denen Gedanken an den Tod verständlicherweise Ängste verursachen. Laß sie erfahren, daß diese Gedanken ihr Leben tatsächlich bereichern und befruchten.
- Wir bitten für Familie N., daß die Angehörigen diese schlimme Erfahrung der unvorbereiteten Trennung von ihrem Verstorbenen in liebevoller Zuneigung zueinander bewältigen und der Schmerz des plötzlichen Abschieds irgendwann der Dankbarkeit weichen kann für alles Glück, das sie mit ihrem Verstorbenen erlebt haben.

Stefan Herok

Das überforderte Herz

Situation

Plötzlicher Tod eines engagierten Gemeindemitglieds

Der Verstorbene wurde durch einen Herzinfarkt mit 57 Jahren aus einem sehr aktiven und regen Leben herausgerissen. Er hatte sich in den Vereinen des Dorfes, in der Politik und auch in der Kirchengemeinde engagiert. Sein Tod kam für alle völlig unvorhergesehen. Nur einem Freund gegenüber hatte er von gelegentlichen Herzbeschwerden gesprochen. „Fröhlich für andere dasein!", so hatte er oft sein Lebensmotto beschrieben.

116

Ez 34, 11–16; Joh 19, 28–37

Ansprache

Als ich am vergangenen Sonntag den Tag überdachte, da bewegte mich sehr die Nachricht vom plötzlichen Tod unseres Herrn N. Und auf einmal fiel mir das Wort aus dem Johannesevangelium ein, das ich Ihnen gerade vorgelesen habe: „Sie werden auf den blicken, den sie durchbohrt haben." Ja, wir schauen jetzt auf Herrn N. – ist es nicht so, daß wir alle – mehr oder weniger – sein Herz überfordert haben? Ich erinnere mich an eine Herz-Jesu-Figur in meiner Heimatkirche. Kitschig und bunt präsentierte der Heiland mit beiden Händen sein Herz. So habe ich Herrn N. erlebt, daß er uns Vielen sein Engagement, seine Bereitschaft zur Arbeit für uns und unsere Gemeinschaft, daß er uns sein Herz anbot. Viele von uns haben es gehört, wenn er sagte: „Fröhlich für andere dasein." Ich muß gestehen: Ich habe ein schlechtes Gewissen, daß ich so bedenkenlos dieEinsatzbereitschaft von Herrn N. ausgenutzt habe. Klar war es gut, daß er wieder in den Kirchenvorstand gewählt wurde. Sein Sachverstand schien unersetzbar. Aber er hatte ja schon viele Jahre mitgearbeitet. Hätte ich, hätten wir im Wahlausschuß das nicht bedenken sollen? Aber es ist so viel leichter, Bereitschaft auszunutzen. Wir kennen alle das plattdeutsche Wort, das der Bauer dem neuen Knecht sagt: „Nimm män den Aollen, de steiht vörn in'n Stall!" Nimm das altgediente Pferd, das steht vorn im Stall, das ist am leichtesten zu erreichen. Das macht keine Schwierigkeiten. Das beißt nicht und schlägt nicht aus. Das zieht jeden Karren aus dem Dreck, geduldig und mit Kraft, ohne sich aufzubäumen.

Nun blicken wir auf den, dessen Herz wir durchbohrten, dessen Kräfte wir überforderten. Herzinfarkt. Sein Herz brach zusammen. Es war zuviel, was wir ihm zugemutet haben.

Ich will uns jetzt keine Schuldgefühle einreden – aber nachdenklich möchte ich uns machen. Und diese Gedanken könnten uns in der nächsten Zeit begleiten. Denn wir werden oft an Herrn N.

denken. Er wird uns an allen Ecken und Enden fehlen. Der erste Gedanke: Ich erinnere mich an ein altes Pfarrhaus im Münsterland, das ich oft besuchte. Im Flur, gleich neben der Eingangstür, war ein großes Fenster mit buntem Glas, auf dem Jesus als „guter Hirt" dargestellt war, als – so war es in lateinischer Sprache zu lesen – „pastor bonus". Mir schien, durch dieses Bild wurde der Eindruck erweckt, als sei der Pastor, der in diesem Haus wohnt, der „pastor bonus" der „gute Hirt". Und das stimmt nicht. Sicher soll jeder Pastor – auch ich! – sich mühen, Jesus ein bißchen ähnlich zu werden. Aber dabei sollten wir nie übersehen, welch ein Unterschied bleiben wird. „Ich bin der gute Hirt!" – das gilt nur für Jesus selbst. Das ist das Bild – wir hörten es gerade in der Lesung – das der Prophet Ezechiel für Gott gebrauchte. Und das sollten wir uns gut merken, ob wir Priester oder Laie, Mutter oder Vereinsvorsitzender, Politiker oder Caritashelferin sind: Wir haben keine göttliche Kraft, und wir brauchen sie auch nicht zu haben. Gott weiß schon, daß wir Menschen sind. Wir dürfen uns zugestehen, daß unsere Kräfte begrenzt sind. Und wenn wir es vorher nicht einsehen wollen: Spätestens der Tod wird uns das in aller Deutlichkeit zeigen.

Ein zweiter Gedanke: Das Johannesevangelium überliefert uns als letztes Jesus-Wort: „*Es ist vollbracht!*" Was ist das für ein Wort, wenn ich das vor meinem Tod sagen kann. Nochmal: Ich brauche nicht die ganze Welt zu erlösen. Das hat Jesus getan. Aber für mich gilt es, *mein* Lebenswerk zu tun. Und die Frage halte ich für höchst bedenkenswert, die Frage: Wofür gibt es mich? Ich brauche nicht Amerika zu entdecken und nicht den Diesel-Motor zu erfinden. Aber Gott hat mich als einmaligen Menschen gewollt – wofür? Sicher nicht nur, um zu arbeiten und auch nicht nur, um für andere da zu sein. Das Lebensmotto unseres Verstorbenen könnte uns Antwort geben: *Fröhlich* für andere da *sein!*

Je älter ich werde, um so häufiger denke ich: Wir in unseren Breiten hier erwarten zu viel vom „*tun*" und zu wenig vom „*sein*". „Fröhlich *sein*" – wollte unser Verstorbener. Und „sein" heißt ja nicht gleich arbeiten und aktiv sein. Herr N. hat sich am frühen Morgen die Zeit genommen, wenn die meisten von uns noch schliefen, um mit dem Rad in sein Jagdrevier zu fahren. Er hat mir einige Male davon erzählt, wie schön es für ihn war, den Tag draußen in der Natur erwachen zu sehen. Wenn also eine Mutter sich fragt: Wofür gibt es mich?, dann sollte die Antwort nicht nur lauten: für meinen Beruf, für meine Familie, für meine kranke Schwiegermutter. Es wird Zeiten geben, in denen die fordernde Aktivität dran ist, etwa wenn die Kinder krank sind oder das Haus gebaut wird oder eine Aktion für die Not in Jugoslawien durchgezogen wird. Aber der Mensch ist nicht nur zum „tun" geboren, sondern auch zum „sein", ja, sogar zum „fröhlich sein".

Herr N. hat sich entschieden, viel für andere zu arbeiten. Das war seine Entscheidung, die ich akzeptiere. Aber ich hätte es ihm und seiner Familie und uns allen gewünscht, daß er noch 20 oder 30 Jahre mit uns gelebt hätte. Wenn viele von uns etwas von seiner Arbeit mit übernommen hätten, dann könnte er noch leben.

Wie soll mein Leben aussehen, damit ich vor meinem Tod sagen kann: Es ist vollbracht! Die Antwort auf diese Frage kann nicht der Kirchenvorstand geben und nicht die Frauengemeinschaft und nicht die Partei, sondern nur jede und jeder einzelne für sich vor dem Hintergrund der Gemeinschaft, in der sie oder er lebt.

Ich danke – ich meine im Namen vieler – Herrn N. für alles, was er für uns getan hat. Laßt uns weiterführen, wofür er sein Leben eingesetzt hat. Und laßt uns versuchen, die Last auf viele Schultern zu verteilen, daß sie nicht einem einzelnen zu schwer wird.

„Es ist vollbracht!" – dieses Wort Jesu scheint für dich, N. N., nicht zuzutreffen. Du bist herausgerissen aus deinem Leben. Der Tod erscheint uns wie ein Abbruch, nicht wie eine Vollendung. Aber was alles hätte Jesus noch sagen und tun und wirken und leben können! Er war erst Anfang dreißig, als er starb. Die Aktivitäten auf Erden sind zu Ende. „Es ist vollbracht!" Aber dein Leben, N. N., geht weiter. Wir werden uns wiedersehen. Im Himmel. In Gott.

Fürbitten

Guter Gott, in Trauer und Betroffenheit stehen wir vor dir. Wir können den plötzlichen Tod nicht begreifen. Wir sind wie im Taumel und suchen Halt bei dir. So sei nun bei uns, bei unseren Gedanken und Gefühlen, wenn wir uns in Stille erinnern:

- Laßt uns in Stille an Herrn N. denken, an Situationen, in denen er uns begegnete.
- Laßt uns in Stille an seine Familie denken; laßt uns versuchen, nachzufühlen, was sie jetzt bewegt.
- Laßt uns in Stille an das Wort denken, das Herr N. uns oft sagte: „Fröhlich für andere dasein!"
- Laßt uns in Stille daran denken, wie es sein mag, wenn Gott Herr N. nun in seine ewige Freude aufnimmt, wenn Gott nun ganz für ihn da ist.

Gott, unser Gott, von dir geht alles aus, zu dir kehrt alles zurück. Was es bedeutet, daß du Anfang und Ende bist, Beginn und Vollendung, das ahnen wir in diesen Stunden unserer Trauer ein wenig mehr. So laß uns nicht in Verzweiflung versinken, sondern stärke unseren Glauben an dich, unseren Gott. Das schenke uns durch Jesus, deinen Sohn, der unser Bruder wurde und mit dir lebt in Ewigkeit.

Karl Lenfers

Unerwartet, aber vorbereitet

Situation

Plötzlicher Tod eines Pensionärs

Der Verstorbene hatte eine verantwortliche Position in einem Industriebetrieb. Seit einem Jahr lebte er im Ruhestand. Unmittelbar vor seinem Tod durch Herzinfarkt hatte er im Garten gearbeitet. Bei meinem Besuch erzählten mir die Angehörigen von vielen Plänen, die der Verstorbene für seinen Ruhestand gefaßt hatte: Reisen, Hobbies u.a. Beim Verlassen des Hauses fiel mir ein neben der Haustür angebrachtes großes Kreuz auf.

In der Todesanzeige hatten die Angehörigen statt Blumen Spenden erbeten zugunsten einer Hilfsaktion in Osteuropa.

Lesungsvorschläge

Jes 43, 1–3; Lk 12, 35–40

Ansprache

Wenige Stunden nach dem plötzlichen Tod haben wir uns über Herrn N. unterhalten: über sein berufliches Wirken, die Verantwortung, die er getragen hat, über die Erleichterung, nun als Pensionär manche Belastungen los zu sein. Wir haben gesprochen über die Zeit und die Sorge, die er seiner Familie geschenkt hat, und von der Freude, dafür nun viel mehr Zeit zu haben. Und wir haben uns unterhalten über die Pläne, die Herr N. hatte. Er wollte manches tun, wozu er vorher nicht gekommen war. Auf Reisen wollte er noch viele schöne Stellen unserer Erde kennenlernen, und neben der Zeit für seine Familie sollten auch noch einige Hobbies zu ihrem Recht kommen.

Vieles von dem, was ich in diesem Gespräch erfahren habe, können wir wohl zusammenfassen in dem Satz: Herr N. hat das Leben geliebt, und ganz gewiß hätte er gerne noch weitergelebt. Es ist uns in unserem Gespräch schwergefallen, dieses plötzliche Ende zu begreifen, und es fällt mir auch heute noch schwer. Ich will und kann keine Antwort geben auf die Frage nach dem „Warum". Ich will und kann aber von der Hoffnung sprechen, die ich gerade angesichts dieses Todes spüre: Unser Verstorbener, der das Leben so geliebt hat, ist im Tod unserem Gott begegnet, der das Leben liebt.

Dieser Gott, der das Leben liebt, läßt unser Leben im Tod nicht untergehen, sondern liebt es über den Tod hinaus. Die Liebe Gottes zum Leben hat die Macht, den Tod zu überwinden und endliches Leben zum ewigen Leben zu wandeln. In der Hoffnung auf diese Liebe Gottes glaube ich daran, daß Herr N. es jetzt noch viel tiefer erfährt als in seinem Leben auf dieser Erde: Gott liebt mich und mein Leben. Und in dieser ewigen, unendlichen Liebe Gottes darf ich mein Leben nun ohne Ende weiterlieben.

Wenn das so ist, dann dürfen wir noch von einer weiteren Hoffnung sprechen. Die Liebe, mit der unser Verstorbener nicht nur sein Leben geliebt hat, sondern auch das seiner Familie, ist im Tod nicht untergegangen. Diese Liebe gilt uns weiter und liebt uns weiter. Sie nimmt auch jetzt Anteil an unserer Trauer und Betroffenheit, und sie wird weiterhin Anteil nehmen an unserem Leben – an den Freuden und an den Sorgen, die uns erwarten. Und so haben Sie, liebe Angehörige, ganz sicher in seinem Sinne gehandelt, als Sie um Spenden für Menschen in Osteuropa baten anstelle von Blumen- und Kranzspenden.

Plötzlich und unerwartet ist Herr N. gestorben. Für ihn und für uns war es – wie es das Evangelium sagt – „eine Stunde, in der ihr es nicht vermutet". „Unerwartet" heißt aber nicht „unvorbereitet". Als ich am Ende meines Besuches Ihr Haus, liebe Familie N., verließ, fiel mein Blick auf das große Kreuz, das in unmittelbarer Nähe der Haustür hängt. So hat auch Herr N. immer wieder das Kreuz gesehen, wenn er das Haus verlassen hat. Ein täglicher Blickkontakt mit dem Gekreuzigten, sicherlich auch von dem einen oder anderen Gebet begleitet. Und auch von dieser Erinnerung aus möchte ich von der Hoffnung sprechen, die ich in dieser Stunde empfinde.

Im Augenblick des Todes hat der am Kreuz Gestorbene Herrn N. angeblickt als der, der im Tod das Leben erfahren hat. Durch den täglichen kurzen Blickkontakt mit Christus war Herr N. vorbereitet auf die ewige und endgültige Gemeinschaft mit ihm, dem Auferstandenen, für diese Gemeinschaft von Angesicht zu Angesicht.

Und von da an, von dieser unerwarteten und für unser Empfinden viel zu frühen Stunde des Todes an, ist für unseren Verstorbenen die Verheißung wahr geworden, die seit der Auferstehung des Herrn über jedem Leben steht: „Ich lebe, und auch du sollst leben."

Fürbitten

Wir beten zu Gott, unserem Vater, der das Leben liebt.

– Für unseren Verstorbenen N.: Laß sein Leben in deiner Liebe geborgen bleiben ...

– Für alle, denen N. seine Liebe und Sorge geschenkt hat: Gib ihnen Trost aus der Hoffnung auf die Vollendung bei dir ...
– Für jene, die an ihrem Leben keine Freude haben: Zeige dich ihnen als der liebende Gott und laß sie Menschen finden, die gut zu ihnen sind ...

Gott, du hast uns ins Leben gerufen und willst uns Anteil geben an der Auferstehung deines Sohnes. Wir danken dir, der du lebst in Ewigkeit.

Heribert Brendt

„Die mit Tränen säen ...“

Situation

Tod am Arbeitsplatz

Beim Bau eines kirchlichen Behindertenzentrums stürzte ein Vorarbeiter von einer hohen Leiter in einen Stahlträger und war sofort tot. Ich kannte weder ihn noch seine Familie und vertrat die kirchliche Einrichtung bei der Beerdigung. Ein ausländischer Vertretungsgeistlicher hat die Beerdigung übernommen und bat mich um die Ansprache. Die direkten Angehörigen sind in Lebensgestaltung und Trauerbewältigung wenig religiös orientiert.

Lesungsvorschlag

Ps 126

Ansprache

Uralt und lebenssatt sterben oder als Erlösung von einer schweren Krankheit, das sind wohl die einzigen Vorstellungen von Tod, mit denen wir so einigermaßen leben könnten, wenn es denn schon irgendwann sein muß, das Abschiednehmen für immer. Solchem Tod können wir trotz aller Traurigkeit irgendwie einen Sinn abgewinnen. Alle anderen Erfahrungen von Tod aber, sein jäher, plötzlicher Einbruch ins Leben junger, gesunder Menschen – Tod also mitten im Leben –, das ist einfach nur grausam und furchtbar und sinnlos. Das löst einen Schmerz in uns aus, untröstlich, unendlich weh.

Vor einer so schmerzlichen Erfahrung stehen wir mit Ihnen, Familie N. Wir versuchen, Ihnen nahe zu sein im schweren Abschied von Ihrem N. N.

Das Gewicht von Schmerz kann man kaum ermessen. Da gibt es keine Gedanken und Theorien und auch kaum Einsichten, die den Schmerz leichter machen könnten. Es tut einfach nur ganz furchtbar weh. Der Tod von N. N. ist in vielfacher Hinsicht ein großes Unglück. Nicht nur, weil ihn ein tragischer Unfall ums Leben gebracht hat. Die Arbeit, die schwere, verantwortliche Arbeit auf dem Bau, mit der er sich und seiner Familie den Lebensunterhalt gesichert hat ..., diese Arbeit, mit der er in H. für Behinderte ein neues Wohnheim zu schaffen half ..., diese Arbeit hat ihn nun das Leben gekostet. Das ist besonders tragisch. Das kann doch nicht wahr sein! Das ist doch mehr als ungerecht! Das ist doch zutiefst gemein! Und keiner ist daran schuld. Keine Fahrlässigkeit, kein Leichtsinn, kein menschliches Versagen, keine Materialfehler, niemand, den wir haftbar machen können. Ein tragischer Unfall. Ein großes Unglück.

Denken wir die Schuldfrage mutig weiter. Da ist einer, dessen Rolle in diesem Unglück wir noch zu klären versuchen müssen. Ich stehe im Namen Gottes und seiner Kirche hier am Sarg von N. N. Hätte *Gott* dieses Unglück nicht verhindern können, ja verhindern müssen, wenn es ihn denn gibt und wenn er so gut ist, wie Christen ihn ausgeben? Eine berechtigte und notwendige Frage.

Schwer ist die Frage, weil meine Antwort, die einzige, die ich geben kann, leichtfertig, wie eine Ausflucht klingen könnte: Mein Gott ist kein zynischer Menschenschinder, der das Leben seiner Geschöpfe aufs Spiel setzt und der Schutzlosigkeit preisgibt. Ich glaube nicht an einen Gott, der in dieser Weise das Weltgeschehen lenkt, indem er die einen – aus welchen Gründen auch immer – schützt und die anderen fallen, ins Unglück stürzen läßt. Daß der Tod an sich eine notwendige Lebensvoraussetzung ist, ohne die wir nicht leben würden und ohne die auf der Erde kein Platz mehr wäre, ist eine Erkenntnis, die uns in der Trauer natürlich in keiner Weise trösten kann. Und auch die Tatsache, daß das Leid und der Schmerz die unausweichliche Kehrseite von Liebe und Glück ist, hat nichts Tröstliches, zu hoch ist oft der Preis, den wir für unser bißchen Glück bezahlen müssen. Aber für mich kommt dieses Leid eben nicht von Gott, ist weder Prüfung noch Strafe. Es ist – bildlich gesprochen – die dunkle Seite der sich drehenden Welt, die von der einen Sonne leider nicht rundherum beschienen werden kann. Ich weiß, diese Gedanken helfen allen nur wenig, aber durch sie wird Gott für mich frei, mir Trost sein zu können. Da ich ihn nicht für mein Unglück verantwortlich machen muß, kann ich seine Hilfe annehmen: Mein Gott ist die Liebe und so nur allmächtig in allem, was der Liebe möglich ist.

Vielleicht denken sie, ich mache es mir zu einfach oder ich sei nicht mehr christlich, aber ich glaube, Gott greift nicht direkt und entscheidend ein in die Spielarten des Lebens, auch nicht in die Spielarten des Todes. Er führt den Lauf der Welt nicht am Zügel, den Menschen nicht an Marionettenschnüren. Er ist für mich nicht die Macht des Schicksals. Als Liebe möchte er alle Lebensvollzüge, alles menschliche Handeln durchdringen. So möchte er die Welt von innen, durch die Herzen von uns Menschen lenken, nicht von außen durch glückliche oder furchtbare Ereignisse. Als Liebe möchte er in uns die Kraft sein, das Leben und den Tod zu meistern, zu bestehen.

Sinnloser Tod, grenzenloser Schmerz, tiefe Trauer ... – ich wünsche Ihnen, daß Sie in der Liebe, die Sie von Menschen an Ihrer Seite jetzt erfahren, die Kraft finden, Ihrem so traurig veränderten Leben doch Zukunft zu geben.

Das Buch der Psalmen im Alten Testament versucht, leidvolle Erfahrungen von Menschen aufzuarbeiten und Gefühle von Hoffnung zu wecken. Einen solchen Text möchte ich ihnen hier gerne vorlesen: (hier Lesung).

Fürbitten

Wir bitten für die Angehörigen der Familie N., die ein furchtbares Unglück in große Traurigkeit gestürzt hat:

- Daß sie Menschen finden, die ihnen im Leid zur Seite stehen ...
- Daß sie irgendwann die gemeinsame Vergangenheit mit ihrem Verstorbenen als Schatz betrachten können und aus ihr Kraft schöpfen ...
- Daß sie für ihr Leben, das nun so traurig verändert ist, neue Zukunft finden.

Stefan Herok

Mitten im Leben sind wir vom Tod bedroht

Situation

Plötzlicher Tod infolge Herzversagens

Der 60jährige Dorfbäcker und Ladeninhaber war still und allein in der Nacht gestorben, unbemerkt von seiner Ehefrau, die ihn am Morgen tot in seinem Bett vorfand. Herzversagen. Dieser plötzliche, gänzlich unerwartete Tod ließ Frau, Kinder, Enkel und Freunde fassungslos zurück. Ein intaktes Dorf hatte damit nicht nur seinen Bäcker, sondern ganz schlicht „einen der ihren, der dazugehörte" verloren. Glauben tat er – ja, doch war er kein Kirchgänger; und ebenso standen seine Angehörigen der Kirche loyal, doch unengagiert und neutral gegenüber als einer Institution, die ihr Gutes, Wertvolles, Notwendiges – und darum auch zu bestehen hatte. Im Dorf zentral gelegen – neben der Kirche –, pflegte N. N. in der Morgenfrühe sein Brot zu backen: zuverlässig, ohne Ausfall und Ferienlaunen. Später stand er an der Seite seiner Frau im Laden und bediente in gemächlichem Tempo seine Kundschaft – bald wortkarg, bald mitteilsam, hin und wieder mürrisch, auch kritisch den Klatsch kommentierend, manchmal aufgeräumt und herzlich. – Das ganze Dorf nahm an seiner Beerdigung teil.

Lesungsvorschlag

Lk, 12, 16–21

Predigt

„Du Narr! Noch in dieser Nacht wird man dein Leben von dir zurückfordern" (Lk 12,20).

Betroffen sind wir hier beisammen, weil einer weggegangen ist, den wir gern hatten, der mitten aus dem Leben, der Familie, der Dorfgemeinschaft, dem Beruf gerissen wurde. So plötzlich, ohne Warnung, ohne jedes Vorzeichen. – Verwandte und viele der hier Anwesenden sind bestürzt und fassungslos: So geht man doch nicht weg. So nicht, daß man am Morgen einfach nicht mehr aufwacht!
Einmal mehr wird uns mit dem plötzlichen Sterben dieses von uns allen geschätzten Menschen eine Wahrheit bewußt, ja ins Herz gebrannt – es ist ein Gedanke, der, so selbstverständlich, doch immer wieder erfolgreich verdrängt wird: Mitten im Leben sind wir vom Tod bedroht. Mittendrin! Tag für Tag, wenn wir unseren scheinbar so wichtigen Dingen nachrennen, da, mitten im Tun können wir plötzlich ungefragt gezwungen werden, die Sache halbvollendet, ohne ein abschließendes Wort liegenzulassen und zu gehen. – Das Gleichnis vom reichen Bauern, dessen Betrieb gut läuft, der aber nachts nicht schläft, sondern unermüdlich Pläne schmiedet, wie es am andern Tag weitergehen soll: im Betrieb, mit Rücklagen, Versicherungen, Vergrößerungen ...; zu ihm werden die Worte gesprochen: „Du Narr! Noch in dieser Nacht wird man dein Leben von dir zurückfordern" (Lk 12,20).
Der Tod, der so plötzlich in unser Leben einbrechen kann, reißt uns mit einem Schlag das gediegen konstruierte Gefüge all unserer gewohnten Sicherheiten ein. Alle Stützen, innere und äußere, die wir uns zurechtgeschmiedet haben, fallen weg. Er trifft uns in allen

Belangen, wird zu einer lebendigen Mahnung, zu einem Weckruf, einem Alarmzeichen, das mitten in unserem pulsierenden Leben aufblinkt. Mit aller Dringlichkeit will uns damit gesagt werden, nicht so zu leben, als ob wir niemals sterben müßten, uns nicht so blind, gedankenlos und mit engem Blickwinkel von lebensunwichtigen Dingen treiben und stoßen zu lassen.

Was bleibt denn wirklich, wo nun Herr N. nicht mehr in seiner Bäckerei steht, wo wir ihn heute in diesem Sarg zu Grabe tragen? – Es bleiben wir, die sogenannten Hinterbliebenen, es bleibt das Gedenken der Familie, die er mit seiner Frau gegründet und gestützt hat; die gute Erinnerung des weiteren Verwandtenkreises, seiner Kollegen und seiner Klassenkameraden, die alle hier versammelt sind. Das ist viel, was da bleibt! Ist es aber alles, und ist es genug? – Wäre es alles, dann hätte die Trauer in dieser Stunde wohl das letzte Wort, und Hoffnungslosigkeit stünde in großen Buchstaben über unserer liturgischen Feier. Wir müßten die Augen schließen, den bitteren Bissen schlucken und uns mit dieser traurigen Tatsache abfinden, uns eingestehen: Tot ist tot. Bliebe uns nur die Erinnerung (die ja meist auch verblaßt) und kein Glaube, stünde es böse um uns; vor allem jetzt in dieser Stunde, wo wir am Grabe stehen und uns fragen müßten, ob es wirklich das Ende sei. – Wir als Christen wissen aber etwas mehr über das, was nach dem Sterben bleibt. Es ist ein Wissen, das uns aus unserem Glauben zugewachsen ist, das uns nicht kapitulieren und verzweifeln läßt. Wir Christen sind vor diesem Sarg nicht ohne Hoffnung, denn wir glauben – für uns, aber auch für und mit den anderen, daß der Mensch bei seinem Sterben niemals in ein Nichts stürzen kann, sondern gehalten und geliebt wird. Ob wir leben oder sterben, wir sind in Gottes Hand und bleiben in ihr aufgehoben auch nach dem Tod. Wir glauben, daß dieses Ja Gottes auch über dem Leben und Sterben von Herrn N. gesprochen wurde und seine Gültigkeit über den Tod hinaus hat. Es gilt für alle. Für alle, die in ihrem Leben nach bestem Wissen und Gewissen das Gute gesucht, erstrebt und, soweit für sie möglich, auch getan haben. Wir begraben unseren Toten unter dem Kreuz Christi, diesem gültigen Zeichen göttlichen Erbarmens. – Herr N. hat doch hin und wieder spaßhaft gewünscht, man möge ihm einst eine Hagebuttenstaude auf den Grabhügel stecken, dieses Wahrzeichen seines Dorfes, damit die Leute noch etwas von ihm hätten und ihn nicht vergessen würden, zumindest während der Zeit des Pflückens der Früchte nicht. – Dies tun wir im Geiste, um seinen letzten Willen zu erfüllen. Daß er aber nicht vergessen wird, garantiert nicht so sehr der Hagebuttenstrauch als vielmehr das Kreuz, das wir über Herrn N. aufrichten. In diesem Zeichen wird sein Name nicht vergessen; kann er selbst auch von Gott nie übersehen und vergessen werden.

Brot hat Herr N. für uns gebacken – ein Leben lang. Er hat vielen die Nahrung geliefert, und wir sind ihm dankbar dafür. Doch vor seinem Sarg wissen wir: Allein von Brot, so notwendig es ist und so dankbar wir dafür sind, können wir nicht leben, nicht weiterleben. Am Brot allein geht unsere Seele zugrunde; wir brauchen die Speise, die Jesus uns verheißen hat: Es ist das ewige Wort Gottes, seine allumfassende Liebe, die er für uns aufleuchten ließ in der lebendigen Botschaft seines Sohnes Jesus Christus.

Fürbitten

– Für den Verstorbenen; daß sein arbeitsreiches Leben in der Herrlichkeit des ewigen Lebens vollendet werde.
– Für die Angehörigen und Freunde; daß sie aus der Zuversicht des Glaubens ihre Bestürzung und Zweifel vertrauend vor dich bringen können.
– Für die ganze Gemeinde und die engere Dorfgemeinschaft; daß die politischen und wirtschaftlichen Interessen des Dorfes durch Christlichkeit und Glaubenstreue bestimmt werden.

Hans Schaller

Suizid

Warum?

Situation

Suizid eines 37jährigen Dozenten

Seit längerer Zeit befand er – verheiratet – sich in therapeutischer Behandlung. Wohl in einer Kurzschlußhandlung hat er sich erhängt. Durch dienstliche und private Kontakte ist mir der Verstorbene sehr vertraut gewesen. Sein Tod hat auch mich sehr betroffen und traurig gemacht.

Lesungsvorschlag

Joh 6, 37.39–40

Ansprache

Warum? Seit dem Bekanntwerden von N.s. Tod steht für viele von uns diese Frage im Raum: unübersehbar – unüberhörbar.
Warum? Warum mußte das alles so kommen? Hätte es nicht doch eine Möglichkeit gegeben, ihm zu helfen? Haben wir Warnsignale übersehen? Ein Mitarbeiter von N. N. erzählte mir: Nach außen war N. meist gut gelaunt – freundlich – lächelnd – häufig zum Scherzen aufgelegt. Aber seine traurigen Augen, die sind mir immer aufgefallen.
Warum? – N. litt unter vielfältigen Ängsten. Ängste, die ihn in die Tiefe rissen – an Tiefpunkte des Lebens führten. Er hat Hilfe gesucht und Hilfe in Anspruch genommen. Seine Hoffnung: Heilung durch eine Therapie. Auf und Ab – Hoffen und Bangen – immer wieder. Über viele Wochen und Monate. Verbunden mit der großen Sorge: Werde ich es schaffen? Werde ich aus meinen Äng-

sten herausfinden? Werde ich aus meinen Tiefpunkten wieder hochkommen?

Seine Frau hat ihm beigestanden in diesem Auf und Ab, in dieser angstvollen Zeit. Liebe Frau N., Sie haben für N. getan, was Sie tun konnten. Daran glaube ich ganz fest.

Ängste machten N. das Leben schwer – nahmen ihn gefangen – engten ihn ein. Von daher möchte ich, wenn ich von seinem Tod rede, nicht von einem „Frei-Tod" sprechen. Ich glaube nicht daran, daß er innerlich frei in diesen Tod gegangen ist. Der Schritt in den Tod geschah aus einer inneren Not heraus – wahrscheinlich war es eine Kurzschlußhandlung an diesem Mittwoch. Wie ein Sog, der ihn in die Tiefe gezogen hat.

Lassen Sie mich auch dies sagen: Ich glaube nicht daran, daß N. durch seinen Tod jemanden verletzten wollte – jemandem weh tun wollte. Die Sogwirkung, die einen Menschen befällt und in die Tiefe zieht, ist nicht vom Verstand her zu steuern.

Warum? Viele, die mit ihm vertraut gewesen sind, wußten um seine innere Not. Aber daß diese innere Not so enden würde – nein: Daran hätte niemand im Traum gedacht. Von daher sollten wir vorsichtig sein, wenn sich die Schuldfrage in uns meldet.

Warum? Diese Frage läßt mich und viele von Ihnen und Euch nicht los. Warum? – eine bohrende Frage. Sie geht uns nicht aus dem Kopf. Mehr noch: Diese Frage bohrt in unseren Herzen.

Warum? Ehrlich gestanden, ich habe keine Antwort auf diese Frage. Es widerstrebt mir auch, mir einen Reim zu machen auf die Ungereimtheiten des Lebens und des Sterbens.

So möchte ich das kleine Wörtchen – warum – und das große Fragezeichen dahinter einfach so stehenlassen. Es wird viele von uns in den kommenden Tagen und Wochen weiter beschäftigen – als bohrende Frage.

Ist das alles, was zu sagen ist? Nein, das ist nicht alles. Gott sei Dank! Im wahrsten Sinne des Wortes. Es gibt nicht nur Fragezeichen im Angesicht dieses Todes – es gibt auch Ausrufezeichen.

Unsere Trauer – unser Leid und unsere Tränen können und dürfen wir vor Gott ausschütten. Bei ihm können wir unserem Herzen Luft machen. Ihm können wir unser Leid klagen.

Es ist gut, wenn unsere Tränen nicht nach innen fließen, sondern nach außen. Es ist gut, daß wir in unserem Leid eine Adresse haben, an die wir uns wenden können. Dort ist Christus zu finden – er, der das Leid am eigenen Leib durchlitten hat.

Er weiß, wovon wir reden. Er weiß, wie uns zumute ist. Er ist nicht an Leid und Tod vorbeigegangen – er ist durch Leid und Tod hindurchgegangen. Sein Tod – ein bitterer Tod. Und aus diesem Tod ist er herausgekommen.

Klagen – hinter dieses Wort setze ich ein Ausrufezeichen, weil das Klagen so wichtig ist in der Trauer und im Leid. Klagen – vor Gott das Herz ausschütten, bei ihm Halt finden! Er ist es doch, der den Tod getötet hat. Er ist es doch, über dessen Grab kein Gras gewachsen ist. Gott sei Dank.

Warum? Diese Frage wird uns weiter beschäftigen. Klagen! Uns ist die Möglichkeit geschenkt, bei Gott unser Herz auszuschütten. Wer sein Herz ausschüttet, wird leichter.

Lassen Sie mich noch ein zweites Ausrufezeichen anschließen. Ein Ausrufezeichen hinter das kleine Wort „danke".

Jeder von uns könnte hier und jetzt N. einen persönlichen Dank sagen. Dank sagen für Wertvolles, Gutes und Helles, das er hervorgebracht hat. Dank sagen für das, wodurch er unser Leben bereichert hat.

Der Pfarrer dieser Gemeinde ist N. dankbar für sein Engagement und für seinen Einsatz in der Gemeinde. Wir sind ihm dankbar für sein berufliches Engagement in unserem Haus. Wofür Sie – die Verwandten und Freunde – dankbar sind, das könnten Sie am besten jetzt selbst formulieren. Sie wissen es besser als ich – und darum möchte ich an dieser Stelle schweigen.

Warum – Fragezeichen

Klagen – Ausrufezeichen

Danken – Ausrufezeichen

Christus, nach der Dunkelheit des Karfreitags ist für dich die österliche Sonne aufgegangen.

Laß N. N. leben für immer und alle Zeit in deinem österlichen Licht.

Fürbitten

Herr Jesus Christus, in unserem Leid und unserer Trauer wenden
wir uns dir zu und bitten dich:

– Für unseren Verstorbenen N. N.: Schenke ihm jetzt im Tod die
  Befreiung von all seinen Sorgen, Ängsten und Leiden. Laß ihn
  für alle Zeit bei dir Licht, Freude und Frieden finden. – Christus,
  höre uns.
– Für Frau N., für seinen Sohn N. und für seine ganze Familie:
  Gib ihnen Menschen zur Seite, die ihre Warum-Frage aushalten,
  ohne selbst eine Antwort darauf geben zu können. Schenke diesen Menschen die Bereitschaft, nicht zuerst durch Worte, sondern durch ihre einfühlsame Nähe Halt und Hilfe zu schenken.
  – Christus, höre uns.
– Für uns alle, die wir uns mit N. N. verbunden fühlten: Schenke
  uns den Mut, bei dir Kraft und Orientierung zu finden. Laß uns
  dankbar sein für alles, wodurch N. N. unser Leben bereichert
  hat. – Christus, höre uns.

Herr Jesus Christus, dir wollen wir vertrauen – jetzt und in Ewigkeit. Amen.

Klemens Schneider

„Mein Gott, mein Gott, warum hast du mich verlassen?"

Situation

Plötzlicher Tod eines Familienvaters durch Suizid

Der Betroffene war 38 Jahre, verheiratet und Vater von drei Kindern im Alter zwischen einem und acht Jahren. Seit vielen Jahren
war er „Hausmann"; seine Frau war voll berufstätig. Er litt seit langem unter Minderwertigkeitsgefühlen und Depressionen. Seit

mehreren Jahren war er unterschiedlich intensiv in psychothera-
peutischer Behandlung, zwischendurch auch in klinischer Behandlung.
Seit fünf Jahren kannte ich die Familie und hatte einen guten Kontakt. Die Familie nahm an verschiedenen Gemeindeaktivitäten teil
und sehr regelmäßig auch am gottesdienstlichen Leben. Er war
auch in einem Verein der Gemeinde tätig. Obwohl immer wieder
mal von Selbstmord die Rede war, gab es zu diesem Zeitpunkt
eigentlich kein deutliches Anzeichen dazu.

Lesungsvorschläge

Röm 8, 31b–35.37–39; Mk 15, 33–39; 16, 1–6

Ansprache

„Mein Gott, mein Gott, warum hast du mich verlassen?" – dieser
Aufschrei Jesu liegt mir in dieser Stunde am intensivsten auf den
Lippen. Ich bin tief betroffen vom Tod von N. Es liegt soviel Dunkelheit über dieser Stunde; und ich weiß, daß viele, die jetzt hier
sind, es ähnlich empfinden, besonders aber Sie als Ehepartnerin
und Ihre Kinder. Was hat ihm in den letzten Stunden seines Lebens
den Mut genommen, weiterzuleben? Was wäre gewesen, wenn
jemand an diesem Montag in seiner Nähe gewesen wäre? Warum
hat keiner deutlicher gespürt, was in der letzten Zeit in ihm vor-
ging?
Die Antworten auf diese Fragen bleiben im Dunkel.
Ich erkenne für mich im Tod von N. N. eine Mahnung. Entscheidend ist unter vielem, was wir zum Leben brauchen, das eine: Zeit
füreinander zu haben. Nur so können wir die innere Not eines
anderen erspüren und auch mit unseren eigenen Nöten besser
umgehen.
Wir können uns heute so vieles kaufen, was unser Leben bereichert. Zeit aber können wir nicht kaufen, sie wird uns geschenkt,
und wir können sie ebenso verschenken, miteinander teilen.
Herr N. hat seine Lebenszeit mit der Familie und mit vielen unter
uns geteilt. Wir haben sein Mühen, sein geduldiges Sorgen, seine

große Liebe zu den ihm Anvertrauten erlebt; wir haben auch seine Ängste und seine Mutlosigkeit gespürt; wir haben uns über seinen hintergründigen Humor gefreut und seine Fähigkeit geschätzt, alles, was er wahrnahm, eindrucksvoll in Bildern festzuhalten. Dafür sagen wir ihm an dieser Stelle von ganzem Herzen Dank. Und ich bin davon überzeugt, das alles zählt bei Gott.

Nicht nur die letzte Stunde seines Lebens, sondern die Summe des Ganzen macht sein Leben aus.

Das Leben von N. N. war intensiv, auch geprägt durch die Verbundenheit mit Jesus Christus. Darum hören wir in dieser Stunde auch von der Lebenserfahrung Jesu: die große Spannung seines Lebens, seine Gottverlassenheit, das tiefe Loch, in das Er am Kreuz gesunken ist. Diese Erfahrung steht in Zusammenhang mit seinem Anteilnehmen an der Not der Menschen. Ich denke da an die trauernde Witwe in Naïn, die den Verlust ihres Sohnes beklagt, und die vielen Aussätzigen. Er wußte um die Dunkelheiten menschlichen Lebens.

„Hinabgestiegen in das Reich des Todes, am dritten Tag auferstanden von den Toten", bekennen wir im Glaubensbekenntnis.

„Erschreckt nicht!" haben wir gerade gehört, „ihr sucht Jesus, den Gekreuzigten. Er wurde auferweckt". Das ist die Botschaft, die wir nach der Botschaft von der Gottverlassenheit hören.

Diese anzunehmen geht nicht so leicht: „Erschreckt nicht!" Das Kreuz stand am Ende des irdischen Lebens Jesu, es ist die notwendige Tat Jesu gewesen, die Voraussetzung, damit neues Leben erstehen konnte.

Der Apostel Paulus sagt es der bedrängten Gemeinde in Rom und uns in dieser Stunde: „Christus Jesus, der gestorben ist und auferweckt wurde, sitzt zur Rechten Gottes und tritt für uns ein."

Nichts kann uns von der Liebe Gottes trennen.

„Denn ich bin gewiß: Weder Tod noch Leben, weder Engel noch Mächte, weder Gegenwärtiges noch Zukünftiges, weder Gewalten der Höhe oder Tiefe noch irgendeine andere Kreatur können uns scheiden von der Liebe Gottes, die in Christus Jesus ist, unserem Herrn" (Röm 8, 38 f.). Diese Zusage gilt gerade in dieser Stunde des Abschieds von N. N. Ich bin gewiß, die Liebe, die er euch (Namen der Kinder) geschenkt hat, sie bleibt weiter für euch erfahrbar.

Bewahrt alle Zeichen der Liebe, der Nähe, der Geduld, der Freude mit eurem Vater wie einen kostbaren Schatz. Ich bin überzeugt, er wird in eurer Mitte lebendig bleiben. Aus seiner Nähe könnt ihr und können Sie, Frau N., künftig das Familienleben miteinander gestalten.

Und ich bin mir bewußt, daß viele, die hier jetzt an eurer, an Ihrer Trauer teilhaben, auch bereit sind, Ihr Leben und euer Leben zu stützen und mitzutragen.

Er, Jesus Christus, ist bei Ihnen allezeit.

Fürbitten

Schwestern und Brüder! Im Vertrauen auf Gottes Wort wenden wir uns durch Jesus Christus voll Vertrauen an unseren Vater im Himmel und beten:

- Für unseren Bruder N.: Unser Herr und Gott führe ihn aus allem Dunkel in sein Licht und schenke ihm die Erfüllung allen irdischen Suchens und Mühens.
- Für seine Kinder N. und N. und für die Ehegefährtin, die voller Schmerz und Trauer sind: Unser Herr und Gott gebe ihnen Mut zum Leben und verständnisvolle Menschen, die ihnen zur Seite stehen.
- Für alle, die ohne Hoffnung leben, die einsam sind, voller Angst und unter Depressionen leiden: Unser Herr und Gott lenke die Herzen der Menschen, die ihnen Verständnis bringen und füreinander Zeit und Geduld finden.

Gott, du bist der Herr des Lebens. Deine Liebe läßt uns nicht im Stich, auch wenn wir keinen Ausweg mehr sehen. Jesus Christus ist unser Retter und Erlöser. So schauen wir voll Hoffnung auf ihn und bitten dich: Erhöre unsere Bitten und vollende das Leben von N. N. Durch Christus, unseren Herrn. Amen.

Klaus-Peter Giersch

„Herr, wärst du hier gewesen ..."

Situation

Suizidaler Tod eines 45jährigen, querschnittgelähmten Lastwagen-chauffeurs

Der Verstorbene war als Folge eines Motorradunfalls querschnittgelähmt. Er war bereits vorher geschieden und wohnte allein, hatte aber nach seinem Unfall einen guten Kontakt mit seiner ehemaligen Frau und den beiden gemeinsamen Kindern. Der Suizid kam nicht völlig überraschend; es war der dritte Versuch. Herr N. war, abgesehen von seiner Motorenleidenschaft, leer und seelisch-religiös ohne Ressourcen, was ihm eine neue Ausrichtung seines Lebens erschwerte, ja unmöglich machte. Die Familie war ihrerseits bereits getroffen und belastet durch vorangegangene Schicksalsschläge (u. a. Unfalltod des Bruders des Verstorbenen) und trotz echter Hilfsbereitschaft mit der Betreuung und Begleitung überfordert. Katholisch aufgewachsen, lebte N. N. (wie auch seine Angehörigen und Freunde) doch eher kirchenfremd und konnte so weder Kraft noch Sinngebung aus seinem Glauben schöpfen; dieser wurde nur bei Familientreffen praktiziert. Und doch wies sein hinterlassener Brief auf einen noch lebendigen Glauben an eine Auferstehung hin. Wieweit seine Angehörigen ebenfalls versagt haben, bleibt unausgesprochen und war eine der Herausforderungen an die Trauergemeinde.

Lesungsvorschläge

Klgl 3, 1–17; Joh 11, 17–27

Ansprache

Das soeben gehörte Wort von Marta ist eine Mischung von Frage, Vorwurf und Hoffnung. Es trifft auch unsere Situation. Ähnlich möchten auch wir es sagen, wir Angehörige, Freunde und Bekannte von N. N.: Wärst du hier gewesen, dann wäre es nicht so weit gekommen, wäre unser Vater, Bruder, Schwager, Onkel und Cousin nicht gestorben! – Doch wir fragen weiter – müssen weiterfragen: Warum wurde dieser Tod nicht verhindert, wie konnte und durfte dies geschehen? Wo warst du, Gott? Kannst du denn nicht eingreifen, wenn Menschen keinen Ausweg mehr finden, sich nicht mehr helfen können, verzweifeln und aufgeben – das Weiterleben aus eigenem Willen verweigern?

Ein solcher Tod wie der von N. N. wirft unmittelbare Fragen auf an Gott. Es sind aber auch Fragen an uns gestellt – wohl wie bei jedem Tod. Nur hier wird viel direkter gefragt, mit größerer Intensität – ohne Ausweichmöglichkeit, nichts Wesentliches soll ungut verdrängt werden. Wir haben uns damit auseinanderzusetzen, jeder für sich allein, aus seiner persönlichen Beziehung zu N. N. heraus. Aber auch wir alle gemeinsam als Christen, die wir hier versammelt sind.

Ich möchte mich an den Lebenslauf von N. erinnern, zurückblenden und versuchen, Zusammenhänge zu verstehen: Im Jahre 1948 wurde N. N. in N. geboren. Er war ein unkomplizierter Junge, der sich mit sicheren Schritten seine kleine Welt erschloß und ebenso unkompliziert und positiv gestimmt in die Welt der Erwachsenen hineinwuchs. Sehr bald schon hatte er seine klar abgegrenzten Liebhabereien, und damit trat bereits früh seine ausgesprochene Begabung in den Vordergrund, die später auch seine Berufswahl bestimmen sollte: Alles, was mit Autos, Motorrädern und Kraftfahrzeugen zusammenhing, erregte seine Phantasie und Begeisterung, fesselte auch sein Interesse; er hatte ein Talent im Umgang mit Motoren und Fahrgestellen verschiedenster Art und Zweckbestimmung. So war er bestens vorbereitet für seinen Beruf, in den er mit Freude einstieg: zuerst als Lastwagenchauffeur, dann als Tankwagenfahrer – eine Arbeit, die ihn, weil sie aus seinem Hobby entstanden war, auch erfüllte.

Doch die Begeisterung für Motoren und deren Leistungskurven sollte N. N. zum Verhängnis werden. Ein unglücklicher, an sich harmloser Sturz mit seinem Motorrad hatte tragische Folgen: Querschnittgelähmt wurde er in die Intensivstation eingeliefert. – Wie viele Menschen fanden sich damals im Warteraum der Inten-

sivstation ein, um in banger Ungeduld einem ersten Entscheid über Leben und Tod entgegenzusehen: Der Lebenswille setzte sich durch. – Wie waren sie alle glücklich bei den ersten Anzeichen seines Aufwachens, seines Wiedererwachens zum Leben – wie waren sie voller Hoffnung und Freude! Doch nun begann für N. eine harte Zeit der Rehabilitation. Nach langer, mühevoller Therapie brachte er es so weit, daß er wieder mehr oder weniger selbständig leben, wohnen, ja Auto fahren konnte. Doch blieb er auf Hilfe angewiesen und sollte es für den Rest seines Lebens bleiben. Er war dankbar für den Beistand seiner Kinder N. und N. und seiner Frau. Ein Neuanfang schien möglich. Doch der Schein trog. Seine Seele kam nicht mehr mit. Es war für N. zu hart, vielleicht auch zu demütigend, an den Rollstuhl gefesselt zu sein, nicht arbeiten zu können wie vorher. Es wurde für ihn unerträglich, sich in seiner Beweglichkeit so eingeschränkt zu sehen, das Drum und Dran mit und an seinem Leib spüren und erdulden zu müssen. Das ganze Leben verlor allmählich seinen Sinn und Inhalt; der Lebensmut schwand, der tägliche Kampf und die täglichen Enttäuschungen begannen ihm das Leben zu verleiden. Er fand nicht die Kraft, neue Wege außerhalb seiner einst gelebten Aktivität zu suchen, neue Zugänge zu entdecken. Die Auswege wurden immer enger, schließlich zugemauert. Es erging ihm so, wie dem in tiefster Not Klagenden, von dem wir in der alttestamentlichen Lesung gehört haben: „Er hat mich ummauert, ich kann nicht entrinnen, er hat mich in schwere Fesseln gelegt ..." – nur war N. angesichts seiner Not, die ihm das Weiterleben bringen würde, ohne Hoffnung.
Die Verzweiflung darüber, das weitere Leben aus einer so engen Perspektive wie der des Rollstuhls bewältigen zu müssen, war größer, als N. es wirklich aussprechen konnte oder wollte. Er fand die Worte nicht – für ihn versagte die Sprache, und andere Kommunikationsmöglichkeiten verbaute er sich unmerklich selbst. Hilferufe wurden nur angedeutet – in ihrer zwiespältigen Art vielleicht auch überhört. Er geriet, wie es so oft in schwerem Leid geschehen kann, in eine unaufhaltsame Vereinsamung. Besuche, spontane wie geplante, wurden seltener, waren auch kaum mehr erwünscht. Der Briefkasten wurde nicht mehr geleert, der Hörer

des Telefons blieb aufgelegt: Die Einsamkeit hatte ihn eingemauert, und niemand kam, um diese Mauer zu durchbrechen.

So ist N. von uns gegangen. Er hat seinen Angehörigen einen Brief hinterlassen, der erahnen läßt, wie schwer und unerträglich das Leben für ihn geworden war. Er dankt allen, ungeachtet, wieviel Aufmerksamkeit und Liebe der einzelne ihm geschenkt hat – vielleicht auch schuldig geblieben ist. Er dankt und läßt sie alle wissen, daß er im Glauben an eine Auferstehung aus dem Leben scheiden wird. – Mit diesem hinterlegten Testament, das für seine Angehörigen und Freunde wie auch für die hier Anwesenden aus seinem Bekanntenkreis ein Trost ist, hat er sich gleichzeitig von den ihm Nahestehenden verabschiedet; ohne Vorwürfe, ohne Anschuldigungen oder Bitterkeit. Kein Nein zu seinem Schöpfer trotz der uns verständlichen Auflehnung gegen sein Schicksal. Statt dessen war in N. die ausdrückliche Hoffnung lebendig geblieben, von Gott aufgenommen zu werden, in dessen Hand er sein Leben allem zum Trotz geborgen wußte. Wenn diese Kraft der Hoffnung auch nicht mehr ausreichte zum Weiterleben, so zeigt sie sich doch in diesem Brief; einem leuchtenden Faden gleich, der auch in der größten Ausweglosigkeit dieses Lebens nicht abgerissen war, sondern sich durch alles hindurchzog, auch noch durch seine Nacht und die verzweifelte Tat.

So stehen wir da mit dem Ausruf: „Herr, wärest du hier gewesen, dann wäre unser Bruder nicht gestorben!" – Wir hören aber auch, was Jesus Marta zur Antwort gab: „Ich bin die Auferstehung und das Leben. Wisse: Dein Bruder wird auferstehen." – Ein Wort, das uns von jemandem gesagt ist, dem wir vertrauen können: von Jesus Christus, der seinen Tod am Kreuz gestorben ist und von seinem Gott auferweckt wurde. Wir Christen wollen sein Schicksal teilen und bereit sein, wenn nötig, den gleichen Weg zu gehen. So wie Jesus in seinem Tod nicht gescheitert ist, so dürfen auch wir die Hoffnung, ja die Gewißheit haben, daß der Verstorbene in seinem Tod niemals verloren sein kann im Nichts. Sein Sterben, angenommen in dieser glaubhaften Hoffnung, ist wohl der sinnlose Abschluß ein paar leidvoller Jahre, nicht aber der Sturz in einen namenlosen Abgrund. Es wird zum Tor, durch das Jesus ihn zu seinem Gott geleitet, zu diesem Gott, den N. N. auch noch in seiner Verzweiflung suchte.

Möge diese hoffnungsvolle Gewißheit uns selber trösten und unsere Trauer erträglich machen; empfehlen wir unseren Verstorbenen mit all unseren Gebeten der unendlichen Barmherzigkeit Gottes; beten wir mit ihm selbst: „Mein Anteil ist der Herr, sagt meine Seele, darum harre ich auf ihn. Gut ist der Herr zu dem, der auf ihn hofft, zur Seele, die ihn sucht ... "

Fürbitten

- Für den Verstorbenen, der seinen letzten Schritt nicht ohne Hoffnung tat: Geh ihm entgegen in deiner Barmherzigkeit, und zieh ihn in das Licht deiner Auferstehung.
- Für Angehörige und Freunde schwer Verunglückter und Invalider: Daß sie in Achtung und Feinfühligkeit die Möglichkeiten ihrer Hilfe gewahr werden, daß sie liebevoll und unerschrocken mit den darin gesetzten Grenzen umgehen.
- Für alle Verzweifelten, die an der Sinnlosigkeit ihrer Leiden zu zerbrechen drohen: Laß sie wissen, daß sie nicht verloren sind.
- Für alle, die im gesunden Strom ihres Lebens keine Zeit zum Innehalten finden: Vergiß sie nicht, öffne ihr Herz für deine Liebe und Verheißung.

Hans Schaller

Besondere Umstände

Gott selbst ist betroffen

Situation

Tod eines aidskranken Kindes

Als Kind aidskranker Eltern geboren, hatte es seinen Vater nicht mehr kennengelernt. Einige Jahre nach dem Tod des Vaters brach die Krankheit aus und führte nach wenigen Monaten ebenfalls zum Tode des siebenjährigen Mädchens. Die Mutter und die Großeltern waren sehr verzweifelt. In der Öffentlichkeit gab es erregte Diskussionen, doch stellten sich viele Nachbarn auf die Seite der vom Leid geprüften Familie.

Lesungsvorschlag

1 Joh 3, 1–3

Ansprache

Seit es Aids gibt, ist der Tod wieder unberechenbarer geworden. Für eine kurze Zeit schien es, als könne der Mensch seinen Tod wenigstens einigermaßen und für eine bestimmte Zeit abwehren. Aids verweist uns in unsere Grenzen. Das ist es zumindest, was wir aus dieser heimtückischen Krankheit lernen, und auch das andere, daß wir uns davor hüten müssen, im Zusammenhang mit Aids vorschnell von Schuld und Strafe zu sprechen oder wenigstens so zu denken. Wo ist bei diesem Kind Sünde? Wo Schuld? Jesus selbst hat einmal einen Blindgeborenen vor diesen Fragen seiner Umgebung in Schutz genommen. Schweres Leid hat eine Familie in unserer Nachbarschaft getroffen, der wir durch unser Mitleiden zur Seite stehen wollen und sie nicht etwa durch Vorurteile belasten.

Nicht nur Menschen sind getroffen, Gott selbst ist betroffen. Denn er läßt uns in Schmerz und Leid nicht allein, auch wenn wir in solchen Augenblicken zu wenig davon spüren. Der Schmerz verschließt uns. Die große Liebe Gottes, von der die Lesung spricht, die wir für diese Trauerfeier gewählt haben, hat sich in Jesus Christus gezeigt. Der Sohn Gottes wurde Mensch wie wir und hat uns zu Kindern des Vaters im Himmel gemacht. Deswegen ist Gott über das Leiden Jesu auch von unserem Leid betroffen. Jesus hat sich mit allen Leidenden solidarisch erklärt; ihr Leid ist sein Leid. So sehr, daß er in den Tod hineingeht. Es gehört zu den großen Geheimnissen Gottes, warum er den Tod seines Sohnes nicht verhindert hat.

So bleibt es für uns auch ein unbegreifliches Geheimnis Gottes, warum er das bittere Leiden und den Tod dieses Kindes nicht verhindert hat, warum es sterben, warum es so sterben mußte. Wir fragen uns, weil wir sonst am Verschweigen und Verdrängen dieser drängenden Fragen ersticken müßten. Wir fragen Gott, obwohl er seinen eigenen Sohn nicht geschont hat. Aber wir stellen diese Fragen, weil nur sie uns einen Weg aus unserem Schmerz öffnen können. Denn mit diesen Fragen machen wir die Fragen und die Not der Betroffenen zu unseren eigenen und tragen mit, daß die Leidtragenden nicht weiter niedergedrückt, sondern aufgerichtet werden. Nicht in einer schnellen Antwort liegt die Lösung; zur menschlichen Not, zu seinem Elend und Leid gibt es in dieser Welt keine Antwort. Die Hilfe kommt durch das Mit-fragen nach dem Sinn. Die Antwort wird Gott geben, wenn offenbar ist, was wir sein werden. Wenn wir Gott sehen, wie er ist, wird es uns wie Schuppen von den Augen fallen, und wir werden wissen, warum und weshalb ... Dann werden wir sehen und verstehen.

Eines ist sicher, der Weg des Leidens ist ein Weg zu Gott, wenn wir uns nicht verschließen und verhärten, wenn wir betroffen bleiben und darauf vertrauen, daß auch Gott von unserem Leid betroffen ist. Wir wissen, wie sehr das Mit-Leiden Menschen helfen kann, ihr Leid zu überwinden und an seinen Sinn zu glauben. Weil Gott im menschlichen Mitleid gegenwärtig ist, hat es diese heilsame und heilende Kraft. Im Mitleiden bringen wir Gott zu den Leidtragenden. Das ist unser Trost in dieser Stunde.

Vater im Himmel, du bist betroffen von unserem Leid, du nimmst auch unser Fragen und unser Klagen an. Wir bitten dich:

- Nimm dieses Kind in deine Arme und stelle es als ein Zeichen deines Erbarmens in unsere Mitte ...
- Mach uns betroffen vom Leid und der Not der Angehörigen, daß sie durch uns die Kraft und den Mut zum Leben erhalten ...
- Laß uns das Leid nicht verdrängen und zerreden, sondern hilf uns zu echtem Mitleiden und Mittragen ...
- Heile alle, die ihre Vorurteile pflegen und so anderen das Leben schwermachen ...

Roland Breitenbach

In die Hände Gottes geben

Situation

Tod eines jungen Mannes, der sich durch Drogen zugrunde gerichtet hat

Ein junger Mann von 26 Jahren ist gestorben. Schon in der Oberstufe des Gymnasiums zeigte er „rebellische" Züge in seinem Verhalten, kränkte seine Eltern immer von neuem, stellte maßlose Forderungen an sie, die es nicht fertiggebracht hatten, ihm rechtzeitig in seinem Leben Grenzen zu setzen. Er verließ sein Elternhaus, versuchte massiv, andere auszunutzen, suchte dann wieder Hilfe im Elternhaus, schaffte sein Abitur nicht, bekam von zu Hause dennoch immer wieder Geld zugesteckt, begann Drogen zu nehmen und erhöhte die Menge der Drogen so sehr, daß er schwer erkrankte und nicht mehr zu retten war.
Die Position des Predigers ist in diesem Fall so, daß er sowohl um die Situation des jungen Mannes weiß als auch um die Verstrickt-

heit der Eltern in den unheilvollenWeg ihres Kindes, darüber voll Trauer und Wut ist und ihnen dennoch aus dem Glauben heraus beistehen will.

Lesungsvorschlag

Joh 20, 19–23

Ansprache

Ich gehe davon aus, daß wir alle, die wir hier zum Abschied von N. versammelt sind, Schmerz und Trauer in unserem Herzen haben. Wir möchten nicht Abschied nehmen von ihm, wir möchten ihn lebendig mitten unter uns haben, möchten ihn einhaken, rechts und links, und zu ihm sagen: Komm, laß uns von diesem Friedhof weggehen, hier hast du nichts zu suchen, hier gehörst du nicht hin, du gehörst zu uns ins Leben.
Lieber N., wir denken das nicht nur jetzt. Da sind so viele von uns heute, die in den vergangenen acht Jahren immer wieder mit dir darüber geredet haben, gemeinsam das Leben zu suchen. Aber du hast uns nicht erlaubt, in dein Leben hineinzuwirken. Oder haben wir viel zuviel in dein Leben hineingewirkt? Haben wir mit dir zuviel geredet oder zuviel geschwiegen, wo wir in früheren Jahren konsequent hätten handeln müssen? Du bist gegangen aus deiner und unserer Situation, und du hinterläßt in uns Fragen, um deren Beantwortung wir wohl noch lange ringen müssen. Wir sind erfüllt von Schmerz. Sicher, du hast dich nicht umgebracht. Aber du hast das Leben, das du vor 26 Jahren bekommen hast, zugrunde gerichtet. Ganz sicher war das nicht dein Ziel, aber du hast das so getan mit den Giften, die du in all den Jahren immer mehr zu dir genommen hast. Ganz sicher hast du dich aus einer inneren Not heraus, aus nicht heilen wollender Not, krank gemacht. Aber du warst nicht ausschließlich in Not, du bist auch angesichts deiner Situation einer Fülle von Liebe und Beachtung begegnet. Hast du sie wirklich ernst genommen? Hast du uns ernst genommen, die wir dich geliebt haben? – Du wirst uns auf diese Frage nie mehr Antwort geben, und das tut weh ganz tief im Herzen. Wir trauern

um dich. Da waren in dem ersten Teil deines Lebens so viele glückliche Zeiten. Zärtlichkeit und Herzlichkeit und Glaube und Vertrauen, sicher noch alles auf unsicheren Beinen und gefährdet, wie wir alle es sind. Und dennoch: Warum hast du unsere Kraft ausgeschlagen, wo wir uns gegenseitig hätten stärken können? Du wirst uns auch auf diese Frage keine Antwort geben. Aber es soll hier ausgesprochen sein, daß viele dich verstehen, daß du gesucht hast in deiner Not. Aber daß einige von uns dich fragen möchten: Hast du es dir nicht ein wenig zu einfach und zu leicht gemacht mit deinem Vergessen-Wollen, mit deinem „Dich-selbst-beschwichtigen-Wollen"?

Wir sprechen das, lieber N., hier aus, weil du uns gezwungen hast, nunmehr uns von dir zu verabschieden, und wir wollen, daß bei diesem Abschied Ehrlichkeit zwischen uns herrscht. Wir begraben mit dir deine Anhänglichkeit, wir begraben mit dir deine klangvolle Stimme, dein Schachgenie, deine blitzende Auffassungsgabe, dein Fragen über das Leben; wir begraben all das, was wir an dir mochten, und auch das, was unsere Verbindung so beschwert hat. Aber du sollst noch einmal wissen, daß wir dich sehr, sehr gern hatten. Und du sollst wissen, daß wir noch lange über dich nachdenken werden und über deine Verweigerung, mit uns zu leben.

Aber nun müssen wir dich mit so jungen Jahren begraben. Und das tun wir, wie ich am Anfang sagte, mit Liebe und Schmerz und Trauer, und wir tun das als glaubende Menschen, auch wenn du dazwischenreden möchtest mit der Bemerkung: Was heißt schon „glauben"? Wir glauben, daß unser Leben ein ewiges ist und daß unser Tod, auch dein Tod, im ewigen Leben mündet. Und damit das gelingt und unsere Liebe für dich weit über diesen Abschied hinausreicht, geben wir dich jetzt in die behutsamsten Hände, die ich mir denken kann, in die Hände Gottes. Er, der barmherzige, lebensvolle und vergebende Gott wird dir vergeben, was Schuld auf deinem Weg war, und wird uns, die wir zurückbleiben, das vergeben, worin wir schuldig geworden sind. Und wir bitten auch dich, N., um Vergebung.

Mit einem Wort von Auferstehung und Leben und Vergebung möchte ich dich nun verabschieden. (An dieser Stelle lese ich jetzt den vorgesehenen Text aus Joh 20, 19–23.)

146

Fürbitten

Lasset uns beten zu Gott, der allein Herr ist über Leben und Tod.

– Wir danken dir, Herr, für das Leben von N. und für alles Licht, das er uns gebracht hat, und bitten dich: Laß ihn nicht versinken im Dunkel des Todes, sondern schenke ihm das ewige Licht.
– Wir danken dir, Herr für das Leben von N. und für alle Freude, die wir miteinander hatten, und bitten dich: Schenke ihm bei dir die ewige Freude.
– Wir danken dir, Herr, für all das, was schwer war zwischen N. und uns und woran wir vielleicht gereift sind, und bitten dich: Schenke ihm, der voller Sehnsucht war nach Leben, das ewige Leben bei dir.
– Du, Herr Jesus Christus, bist am Kreuz der Bruder aller Verzweifelten geworden: Löse nun N. vom Kreuz seines Lebens und schenke ihm bei dir ewige Ruhe.

Geber des Lebens, Vergeber aller Schuld, unendlich liebender Gott, nimm N. auf in deine große Barmherzigkeit. Amen.

Johannes Chudzinski

„Ich begreife mein Handeln nicht ..."

Situation

Tod eines alkoholkranken Gemeindemitglieds. Die Ehefrau hatte den Prediger in der Vergangenheit oft um Rat und Hilfe für ihren trinkenden Partner gebeten.

In unserem Land sterben jährlich etwa 2.000 Menschen an den Folgen des Konsums illegaler Drogen; weniger spektakulär ist die Zahl von etwa 40.000 alkoholbedingten Todesfällen.

Der Verstorbene ist nach längerem Leiden den körperlichen Folgen seiner Alkoholkrankheit erlegen. Er ist 48 Jahre alt geworden, war von Beruf Bergmann und hinterläßt seine Ehefrau und zwei Kinder im Alter von 16 und 18 Jahren. Die Ehefrau und die beiden Kinder sind in der Pfarrgemeinde aktiv. Der Verstorbene sowie seine Krankheit, die von den meisten Gemeindemitgliedern jedoch nicht als solche anerkannt wurde, hatten in den letzten Jahren immer wieder reichlich Gesprächsstoff geboten. Der Verstorbene selbst war Gottesdienstveranstaltungen zum großen Teil ferngeblieben.

Trotz einer halbjährigen Entwöhnungsbehandlung vor fünf Jahren und mehrerer erfolgloser Entgiftungsbehandlungen hatte er eine dauerhafte Abstinenz nie erreicht. Immer wieder war es zu Rückfällen gekommen, unter denen besonders seine Familie zu leiden hatte. In der Folge gab es besonders in der Familie häufig Streitigkeiten. Viele Bekannte, Kollegen und Verwandte warfen ihm Selbstverschulden, Verantwortungslosigkeit und Charakterschwäche vor. Die Ehefrau und die Kinder hatten sich lange Zeit schützend vor ihn gestellt, wurden jedoch zunehmend hilfloser und verzweifelter. Gerade in letzter Zeit hatte die Ehefrau den ernsthaften Vorsatz gefaßt, sich von ihrem trinkenden Partner zu trennen.

Der Prediger hatte auf Grund vieler Gespräche mit dem Verstorbenen, aber auch mit der Ehefrau und den Kindern eine enge Beziehung zur Familie, die über mehrere Jahre gewachsen war. Trotz vieler Schwierigkeiten und Fragen war so etwas wie Vertrautheit und Freundschaft entstanden.

Bei der Vorbereitung auf die Predigt kam der Gedanke, es könnte sinnvoller sein, sich unmittelbar und direkt an den Verstorbenen zu wenden und in dieser Form die eigenen Fragen und Gedanken der anwesenden Gemeinde mitzuteilen. Ein Hauptgrund für diesen ungewöhnlichen Ansatz bestand auch darin, daß „man" mit dem Verstorbenen in den letzten Jahren seines Lebens ohnehin kaum geredet, ihn meist zum Objekt von Vorwürfen und Unterstellungen gemacht hatte. Weiterhin sollte über die Selbstidentifikation des Predigers die jedes einzelnen Hörers erleichtert werden.

Röm 7, 15–20 (Predigttext); Mt 9, 1–8; Joh 8, 1–11; Joh 9, 1–7

Ansprache

Du bist von uns gegangen, und ich habe jetzt die Aufgabe, im Trauergottesdienst die Predigt zu halten. Ich habe sie gern übernommen und doch – gestatte mir, daß ich nicht über dein Leben spreche, ohne dir heute persönlich zum Abschied das zu sagen, was mich bewegt – denn du und dein Tod haben viel in mir in Bewegung und durcheinandergebracht! Sicher wird es manchem, der hier steht, ähnlich gehen – besonders deiner Frau und deinen Kindern. Weil du uns hörst, kannst du uns durch dein schweigendes Zuhören vielleicht helfen, mit deinem Leben und deinem Sterben besser umzugehen und ein wenig Ordnung ins Durcheinander zu bringen.

Vor einigen Jahren haben wir uns kennengelernt – genauer gesagt: Eigentlich habe ich zuerst deine Ehefrau kennengelernt. Sie kam zu mir, um mir ihre Sorgen im Zusammensein mit dir zu sagen. Sorgen hat ihr zunehmend dein nicht mehr „normaler" Umgang mit Alkohol gemacht. Sie hat dein Handeln nicht begriffen, denn du hättest doch nach deiner Therapie wissen müssen, daß du alkoholkrank bist und – selbst wenn du gewollt hättest – nicht (mehr) normal würdest trinken können. Ich muß dir gestehen, daß auch ich und sicher viele von uns so gedacht haben. Und ich vermute, du selbst hast in einer stillen Stunde auch manchmal diese Gedanken gehabt. In unseren Gesprächen habe ich es ja selbst von dir gehört, wenn du gesagt hast: „Ich kann nicht glauben, daß die Therapeuten recht haben und ich wirklich Alkoholiker sein soll. Warum gerade ich, und wie kann es überhaupt so etwas wie die Abhängigkeit von einem toten Stoff wie Alkohol geben?"

Es ist ja auch kaum vorstellbar, was Alkoholismus wirklich bedeutet – für dich als Betroffenen wie auch für uns als die Menschen, die dir helfen wollten. Und deshalb hast du wohl dein Leben lang mit dir und mit Gott gehadert, hast mit allen Kräften gegen deine Situation angekämpft. Jahrelang hast du an der Krankheit getra-

gen, einer Krankheit, die die Wurzeln unseres Menschseins betrifft: Wer nämlich alkoholkrank ist, der ist im Umgang mit dieser chemischen Substanz wie eine Marionette. Und das steht nun völlig im Gegensatz zu dem, was wir als Menschen eigentlich sind, eben keine Marionetten, sondern Menschen, die geradestehen und selbst frei bestimmen können, wohin sie gehen möchten. Zumindest in puncto „Trinken" konntest du das nicht mehr. Ein raffinierter – auch körperlicher – Teufelskreis der Sucht hat das verhindert. Kann es möglich sein, daß es viel schwerer ist, anzuerkennen, daß man abhängig ist (wie eine Marionette), als sich frei für oder gegen etwas zu entscheiden? Haben wir dir vielleicht allzuoft unterstellt, du wolltest ja nicht aufhören, und haben womöglich nicht daran gedacht, daß du nicht mehr aufhören konntest, auch wenn du es gewollt hättest? Und: Haben wir es dir damit vielleicht zusätzlich schwergemacht, dich zu deiner Krankheit zu bekennen? Heute bin ich sicher, daß du den echten und ehrlichen Vorsatz hattest, aufzuhören. Immer wieder hast du es ja versucht. Am fehlenden Willen kann es also nicht gelegen haben, daß es nicht gelungen ist.
Bei der Vorbereitung auf diese Ansprache habe ich den Text aus dem Römerbrief gefunden, den wir als Lesung gehört haben. Paulus schreibt: „Denn ich begreife mein Handeln nicht: Ich tue nicht das, was ich will, sondern das, was ich hasse" (Röm 7, 15). Ich muß gestehen, daß mir diese Sätze unter die Haut gegangen sind und mir die Augen geöffnet haben. Ich habe gemerkt, daß du und ich und manche von uns ähnlich empfunden haben, wenn wir miterlebt haben, daß du immer wieder gegen deinen Verstand, gegen die eigene Vernunft gehandelt hast, handeln mußtest. Nicht nur du, auch wir haben dich in solchen Momenten nicht begriffen. Und doch konntest du dein Trinkverhalten nicht mehr steuern, aber wir haben mit dir nicht darüber gesprochen, haben dich so manches Mal verurteilt, weil ja auch alles so logisch schien: „Warum kann er es nicht (einfach) sein lassen?", so haben wir uns gefragt, oder: „Der hat aber einen schwachen Willen!" Unser Urteil war fertig, und du wirst dich manchmal entsprechend gefühlt haben – nämlich fertiggemacht. Ganz sicher bin auch ich hier an dir schuldig

geworden, weil ich in deinem Verhalten Schuld und Versagen gesehen habe und nicht – Krankheit.

„Wenn ich aber das tue, was ich nicht will, dann bin nicht mehr ich es, der so handelt, sondern die in mir wohnende Sünde", schreibt Paulus weiter (vgl. Röm 7, 17). Ich glaube nicht, daß Krankheit Sünde sein kann (vgl. Joh 9, 3), denn sie ist ohne dein Verschulden zustande gekommen. Du hast sie doch erst anhand der Symptome bemerkt, die auf ein Vorliegen der Alkoholabhängigkeit hindeuteten. Und da war es schon viel zu spät. Und dennoch war gerade deine Krankheit für all das verantwortlich, was in den letzten Jahren deines Lebens mit dir und durch dich geschehen ist. Ich meine damit all jene schlimmen Dinge: daß du deine Familie vernachlässigt und enttäuscht hast, daß das Alkoholtrinken mehr und mehr an die erste Stelle deines gesamten Wollens und Handelns getreten ist, daß du immer wieder lügen mußtest, um einigermaßen ungestört weitertrinken zu können. Dabei hast du geahnt, daß du zuerst dich selbst belogen hast. Und dennoch – wenn ich Paulus richtig verstehe, dann meint er doch, daß es so etwas gibt: Nicht mehr du warst es, der so gehandelt hat, sondern die in dir wohnende Sucht.

Mir hat dieser Satz gutgetan, weil ich ein ganz neues Bild von dir und deiner Krankheit bekommen habe. Du warst gut und wolltest das Gute. Du hast niemandem, auch deiner Frau, deinen Kindern nicht weh tun wollen. Es war die Krankheit in dir, die dafür verantwortlich war. Wenn ich das doch nur früher gewußt hätte, dann hätte das sicher auch unsere oft verfahrenen Gespräche verändern können. Jetzt bist du nicht mehr unter uns, aber ich bin zuversichtlich, daß dein Leben und Sterben uns Ansporn sein können, in Menschen, die ebenfalls unter dieser Krankheit leiden, keine willensschwachen, charakterlosen Geschöpfe zu sehen. Ohne es zu ahnen, hast du mich beschenkt. Dafür möchte ich dir heute zum Abschied danken und darum bitten, daß du bei Gott den Frieden und die Freiheit findest, die du immer gesucht hast.

Gott, unser barmherziger und gütiger Vater, du hast unseren Verstorbenen zu dir genommen, um ihm deinen Frieden und deine Freiheit zu schenken.

- Wir bitten dich für unseren Verstorbenen: Laß ihn in dir einen barmherzigen Vater finden, der ihm das Gute lohnt und die wahre Freiheit schenkt.
- Wir bitten dich für alle Menschen, die Lebenssinn durch Genuß- und Rauschmittel suchen, und für alle, die abhängig sind: Laß sie erkennen, daß du jedem einzelnen die Freiheit und Herrlichkeit der Kinder Gottes schenken willst.
- Wir bitten dich für die Verantwortlichen in Staat und Kirche: Laß sie nicht die Augen verschließen vor Sucht und Abhängigkeit, sondern gib ihnen Mut, die Nöte zu sehen und Hilfe zu schaffen.

Denn dein ist das Reich und die Kraft und die Herrlichkeit in Ewigkeit. Amen.

Heinz-Josef Janssen

Fürchte kein Unheil

Situation

Tod eines öffentlich angesehenen Menschen, der aber auch viele verletzt hat

Der Leiter eines Wohlfahrtsverbandes ist im Alter von 68 Jahren verstorben. Aus kleinen Anfängen hat er seinen Verband ausgebaut zu einer ansehnlichen Organisation. Viele haben ihm dabei geholfen in den Jahren des Aufbaus, viele sind auch auf der Strecke geblieben, als sie nicht unbedingt mit ihm auf einer Linie lagen. Da sind Menschen, denen er in mitfühlender Weise in Notsituationen half, ihnen Arbeit und neues Ansehen verschaffte, da sind Leute, die er in seiner leitenden Tätigkeit abgesetzt, umgesetzt, zurückgestuft hat. Da sind unter den Trauernden Menschen, die ihm einen sinnvollen Fortgang ihres Lebens verdanken, und Menschen, deren Lebensentfaltung er sich mit Härte in den Weg stellte und die verbittert sind. In der Öffentlichkeit genoß er hohes Ansehen. Es sind auf dem Friedhof die versammelt, die mit hoher Achtung von ihm sprechen, und auch solche, die nichts mehr von ihm wissen wollen und endlich aufatmen. Ausgesprochen ist davon natürlich nichts.

In einer solch spürbar brisanten Situation will ich als Geistlicher auch nach der Beisetzung ein Tröster sein für die, denen der Verstorbene Leid zugefügt hat. Deshalb wähle ich folgenden Weg: Ich lasse den wohl erforderlichen Nachruf auf das Leben des Verstorbenen durch einen leitenden Mitarbeiter oder durch einen Menschen aus dem öffentlichen Bezugsrahmen sprechen. Auf diese Weise hebe ich den Verstorbenen nicht in den Himmel und bleibe auch für gekränkte Menschen möglicher Ansprechpartner.

Lesungsvorschlag

Ps 23, 1–6

Ansprache

Wir schicken uns an, verehrte Trauernde, nun gleich einen Mann gemeinsam zu Grabe zu tragen, der für ganz viele in unserem Ort von besonderer Bedeutung war. Wir haben gemeinsam soeben im Nachruf gehört von seinem Aufbauwerk, was er geleistet hat, und vom tatkräftigen und segensreichen Wirken dieses Mannes als Leiter seiner Organisation. Ich möchte, von diesem ehrenvollen Nachruf ausgehend, Ihre Gedanken nun hinlenken zur Verabschiedung von N. N. Wir, die wir hier versammelt sind, hatten zu ihm als Menschen wohl je eine ganz eigene Beziehung, die das Verhältnis zu ihm geprägt hat. Ein Mensch, der Achtungsvolles in seinem Leben schafft, muß notgedrungen ein Mensch sein, der tatkräftig ist und seine Sichtweise durchsetzt. Damit hilft er vielen, an einer Leistung teilzuhaben, die zum Wohle von Menschen wirkt. Wer in dieser Weise in leitender Position Festigkeit in seinem Leben entwickelt, genießt hohe Achtung und kann stolz sein auf sein Wirken in diesem Leben. Wer aber in dieser Weise Festigkeit entwickelt, der wird nicht umhinkommen, auch Entscheidungen zu fällen und Haltungen an den Tag zu legen, die für andere nicht leicht zu tragen sind, ja unter denen andere, die mit ihm zu tun haben, möglicherweise auch leiden. So sind sicher mit der Achtung, die wir N. N. zollen, in den Herzen einiger unter uns auch Gefühle nicht vergessener Enttäuschungen, die wir erlitten haben.

Und nun sind wir so unterschiedlich empfindenden Menschen aufgerufen zur Verabschiedung. Ich möchte Ihnen dazu den Weg bereiten, indem ich Ihnen jetzt jenes Psalmwort vorlese, das ich im Vertrauen auf den einzigen Richter und Herrn über Leben und Tod, der wirklich um Vermögen und Versagen eines Menschen weiß, dem Verstorbenen immer wieder in den letzten Wochen seiner Krankheit zugesprochen habe. Und ich lade Sie alle ein, so unterschiedlich unsere Abschiedssituation ist, aus dem gemeinsamen Glauben heraus dies Psalmgebet innerlich mitzusprechen. Es ist der vielen vertraute Psalm 23.

Und so habe ich N. N. das Psalmwort zugesprochen: Der Herr ist dein Hirte, nichts wird dir fehlen. Er läßt dich lagern auf grünen Auen und führt dich zum Ruheplatz am Wasser. Er stillt dein Verlangen; er leitet dich auf rechten Pfaden treu seinem Namen. Und mußt du nun wandern in finsterer Schlucht, fürchte kein Unheil; der Herr ist bei dir, sein Stock und sein Stab werden dir Zuversicht geben. Er deckt dir den Tisch vor den Augen deiner Gegner. Er salbt dein Haupt mit Öl und füllt dir reichlich den Becher. Lauter Güte und Huld werden dir folgen ein Leben lang, und im Haus des Herrn darfst du wohnen für lange Zeit.

Fürbitten

Herr, unser Gott, wir nehmen an diesem Tag Abschied von N. N., dem du viele Möglichkeiten gegeben hast, aktiv das Leben in unse-

rem Ort zum Wohle vieler mitzugestalten. In dieser Abschiedsstunde bitten wir für ihn:

– Herr, laß das Gute, das durch ihn vielen Menschen zuteil wurde,
  ihm zum Segen werden in der Ewigkeit.
– Vergib ihm die Schuld, die er in seinem Leben begangen hat, und
  sei ihm mit der Fülle deiner Liebe ein barmherziger Vater.
– Laß uns, die wir teilhaben an seinem Werk, das, was er grundge-
  legt hat, ehrenvoll weiterführen und gib uns dazu deinen Geist.
– Schenke Aussöhnung den Herzen, für die dieser Abschied noch
  einmal Schmerzliches wachruft, und heile du in uns, was ver-
  wundet wurde.

Denn du, unser Herr, bist gekommen, das gutzumachen, was wir
Menschen nicht gutmachen können, das zu lohnen, was auf dieser
Welt keinen Lohn findet, und einen Frieden zu stiften, den nur
dein Heiliger Geist uns geben kann. Schenke N. N. und uns allen
diesen Frieden. Darum bitten wir durch Christus, unseren Herrn.
Amen.

Johannes Chudzinski

Wer glaubt, wird nicht zugrunde gehen

Situation

Tod eines Menschen, der vielen das Leben schwergemacht hat

Ein Mann von 80 Jahren ist nach langer Krankheit gestorben. Zu
seiner Beerdigung ist nur ein kleiner Kreis versammelt, denn sein
Lebensweg war nicht so, daß er viele Freunde gewonnen hat. Öfter
hatte er in seinem Leben Schiffbruch erlitten, die enttäuscht, die zu
ihm gehörten, war meistens mehr auf Hilfe angewiesen, als daß er
auch anderen geholfen hätte. Im Laufe seines Lebens sind so manche von denen, die ihm begegnet sind, wieder von ihm abgerückt,

weil sie von ihm ausgenutzt wurden oder ihn als halsstarrig erlebten. So nimmt selbst seine Familie nur mit zwiespältigen Gefühlen Abschied von diesem Mann.

Lesungsvorschlag

Röm 10, 8b–13

Ansprache

Wir sind an diesem Tag zusammengekommen, um einen Mann zu beerdigen, der viele Jahre zu unserem Leben gehört hat. Als er vor fast 80 Jahren sein Leben begann, als er ein Junge war und gespielt hat, wie wir als Kinder gespielt haben, als er heranwuchs und voller Hoffnung war, wie wir als junge Menschen voller Hoffnung waren, daß uns vieles im Leben gelingen würde, da wußte er noch nichts von dem, was uns das Leben auch abfordern kann. Er hat es begonnen wie wir, im Vertrauen, daß er es gut meistern würde. Ganz sicher hat er sich darum bemüht, Gutes im Leben zu vollbringen und das, was er anfaßte, auch gut zu machen. Wir wissen wenig um das innere Bemühen eines Menschen, wir wissen auch wenig, welche Kräfte in ihm ruhen, um das zu bewerkstelligen, was wir für gut und sinnvoll halten. Ich möchte Sie in dieser Situation, da wir N. N. verabschieden, bitten, in Achtung vor ihm und vor dem Guten, um das er sich bemüht hat, einen Augenblick der Stille einzuhalten, in der wir einmal nicht auf das schauen, was schwierig auf dem gemeinsamen Wegstück war, das wir mit ihm gegangen sind, sondern jetzt in der Stille eine Erinnerung wachrufen an etwas, was wir mit ihm erlebt haben und was gut oder schön war. Ich lade Sie ein, innerlich ins Gespräch mit dem Verstorbenen zu kommen und ihm das zu nennen, hier bei seinem Abschied aus unserem Leben, wofür wir einfach ehrlichen Herzens danke sagen können. (An dieser Stelle lege ich eine Zeit der Stille ein, in der der einzelne dieses persönliche Gedenken vollziehen kann.)
N. N. hat uns in seinem Leben vielleicht eine ganze Menge abverlangt, Dinge, um die wir nicht gefragt wurden von ihm, die wir einfach tun mußten, um die Situation jeweils zu bewältigen. Und wir

haben das getan; er hat viel von uns genommen, und wir mußten vielleicht viel geben. Da ist möglicherweise Enttäuschung darüber, daß nicht so viel miteinander an Wohltuendem möglich war, wie wir es uns gewünscht hätten. Und dennoch war er ein Weggefährte auf langen Strecken gemeinsamen Lebens. Lassen Sie uns in dieser Abschiedsstunde nichts bewerten. Ich habe Ihnen zu Beginn meiner Ansprache ein Wort des Glaubens vorgelesen. Wer mit dem Herzen glaubt und mit dem Mund bekennt, wird Gerechtigkeit und Heil erlangen.

Er, den wir jetzt gleich beerdigen, hat mit uns im Glauben gelebt. Um der Liebe willen, die wir mit ihm erfahren haben, laßt uns jetzt diesen Abschied aus unserem Glauben heraus gestalten. Um jener Momente im Leben willen, für die wir ihm ehrlichen Herzens danke sagen können, laßt uns ihn jetzt in Liebe und Ehrfurcht verabschieden und das Gewicht seines Lebens, das uns vielleicht manchmal belastet hat, in die Hände Gottes legen. Wir tun das in dem Glauben, den Jesus Christus uns verkündet hat, der den Armen eine frohe Botschaft bringen wollte: Du sollst das Leben haben und es in Fülle haben. Wir geben N. N. in dieser Stunde zurück in die Hände Gottes, der seine Hände denen entgegenstreckt hat, die im Leben versagt hatten und voller Angst sein mußten, nicht angenommen zu werden. Jesus Christus hat den Menschen, die in Schuld waren, zugesichert, daß ihnen ihre Schuld vergeben wird. Wir nehmen Abschied von N. N. in dem Glauben, daß so vieles, was in unserem Leben unvollendet bleibt, bei Gott seine Vollendung finden wird. Mit der Erfahrung in unserem Herzen, die wir mit diesem Mann gemacht haben, auch mit den Enttäuschungen, die mit seinem Tod nun nicht einfach vorbei sind, wollen wir jetzt für ihn aus dem Glauben zu dem unendlich gütigen Gott liebevolle Fürbitte halten.

Fürbitten

Herr Jesus Christus, Sohn des lebendigen Gottes, du bist in diese Welt gekommen, um denen Licht zu bringen, deren Leben dunkel verläuft.

- Wir bitten dich für N. N., vollende du, was er in seinem Leben begonnen und nicht zu Ende geführt hat.
- Befreie und löse ihn von der Schuld, mit der er sich beladen hat.
- Er hat an dich geglaubt mit seinem Herzen und mit seinem Mund, stehe du zu ihm und schenke ihm um seines Glaubens willen das ewige Leben.
- Söhne du uns aus mit dem, was für uns schwierig war im Leben dieses Mannes, und schenke uns ein gesegnetes Wiedersehen bei dir.

Darum bitten wir dich um der Liebe willen, mit der du dich aller annimmst, die im Leben belastet sind und ihre Mühe hatten.

Johannes Chudzinski

Für Verstorbene beten?

Vorbemerkung

Nicht nur die sog. Fernstehenden, auch praktizierende Christen beschäftigen sich mit der Frage, ob es sinnvoll ist, für Verstorbene zu beten. Es gibt bei Trauerfeierlichkeiten immer eine Möglichkeit, auf die meist latenten Fragen einzugehen. Die folgenden Gedanken können auch als Bausteine für eine Ansprache verwendet werden.

Lesungsvorschlag

Ps 73, 25; Joh 17, 9.20

Ansprache

Hat es einen Sinn, für die Verstorbenen zu beten? Diese Frage stellt sich immer dann besonders, wenn ein lieber Mensch durch das dunkle Tor des Todes gegangen ist, wenn wir ihn durch nichts anderes mehr erreichen können. Vielleicht haben unsere Gebete den Sterbenden noch begleiten können; sie haben ihm Kraft, Ruhe und Zuversicht geschenkt; sie haben ihm den Abschied von dieser Welt ein wenig leichter gemacht. Vielleicht kam sein Tod auch so plötzlich, daß wir fast nichts mehr tun konnten. Dann ist es gut, im Gebet daran glauben zu können, daß jeder, der stirbt, in die Hände Gottes fällt. Aber können unsere Gebete wirklich über den Tod hinausreichen? Können sie den Toten erreichen? Wo kommen unsere Gebete an? Können sie dem Verstorbenen noch helfen? Erfüllt Gott unsere Bitten noch für einen Menschen, dessen Lebensschicksal durch seinen Tod bereits vollendet ist?

Für den Menschen der Bibel ist das Gebet etwas ganz Selbstverständliches. Alles, was ihm im Leben widerfährt, Freude und Leid, Glück und Enttäuschung, macht er zum Gebet. Vor allem ringt der Mensch mit Gott um sein Leben; er kämpft mit allen Worten, die ihm zur Verfügung stehen. Dem Betenden ist alles erlaubt: Flehen und Fluchen, Lachen und Rufen, Klagen und Schimpfen. Mit Gott kann man sprechen, wie man mit einem Vater spricht. Auffällig ist, daß das Beten in der Bibel noch nicht über den Tod hinausreicht. (Lediglich im Makkabäerbuch findet sich dafür ein Hinweis.) Erst durch die Auferstehung Jesu wurde uns dieses Tor geöffnet. Durch diesen Glauben wissen wir, daß es weitergehen wird. Weil wir Christen auf Jesus Christus zurückgreifen können, wissen wir auch, daß wir für unsere Verstorbenen beten können: Denn sie sind, wie er, beim Vater. Er ging hin, um uns beim Vater eine Wohnung zu bereiten.

Wie Jesus für die Lebenden betet: „Für sie bitte ich ... für alle, die du mir gegeben hast; denn sie gehören dir" (Joh 17, 9), können wir für unsere Toten beten. Wer Gott gehört, kommt bei ihm an. Und wer beim Vater ist, der lebt. Gott ist ein Gott von Lebenden und nicht von Toten, heißt es in der Schrift. Wer den Tod ernst nimmt, muß auch das neue Leben bei Gott ernst nehmen. Beides ist Gegenstand unseres Gebetes für unsere Verstorbenen.

Was erbitten wir? Im Glauben an die Auferstehung Jesu vertrauen wir darauf, daß unsere Toten am ewigen Leben teilhaben dürfen. Wir beten, daß unsere Verstorbenen im entscheidenden Augenblick ihrer Gottesbegegnung das ewige Zuammensein mit Gott wählen. Jesus hat uns ein Leben in Fülle versprochen (vgl. Joh 10, 10); diese Fülle können wir in unserem irdischen Leben nur andeutungsweise erfahren, deswegen erwarten und erbitten wir diese Vollendung für das Leben des Menschen in der Ewigkeit Gottes. Denn, so sagt es uns die Schrift, Gott hat uns etwas bereitet, was noch kein Auge gesehen und kein Ohr gehört hat (vgl. Jes 64, 3; 1 Kor 2, 9): Es wird keine Trauer mehr sein, keine Klage, kein Leid, kein Schmerz und kein Tod (vgl. Offb 21, 4). Wo der Tod fehlt, ist Leben, und wo das Leben ist, kommen unsere Gebete an. Im Beten für unsere Verstorbenen drücken wir unseren Glauben an die Auferstehung von den Toten aus.

Auch wenn es gelegentlich Mißbräuche und Aberglauben im Zusammenhang mit dem Gebet für die Verstorbenen gegeben hat oder noch gibt, unser Beten hat nichts mit Okkultismus zu tun, der da und dort auflebt; unsere Gebete zeigen eine doppelte Liebe: Wir lieben Gott als unseren Vater und empfehlen deswegen die Verstorbenen seinem Erbarmen; wir lieben unsere Toten, lassen sie aber los, um sie in die Hände Gottes zu legen. Weil wir diese Liebe haben, sind wir davon überzeugt, daß wir unseren Schwestern und Brüdern mit unserem Gebet zu Hilfe kommen können. In der Welt Gottes gelten unsere Zeitvorstellungen nicht mehr; deswegen kommen unsere Gebete „immer zur rechten Zeit" bei Gott an. Auch das Gebet, das Jahre nach dem Tod eines Menschen gesprochen wird, hat in der Ewigkeit eine aktuelle Bedeutung. Wir dürfen jederzeit für unsere Verstorbenen beten; die Kirche tut das unermüdlich und über alle Zeiten hinweg, z. B. im Hochgebet der Eucharistiefeier. Wir beten um Erlösung, um die Befreiung von menschlicher Schuld, wir beten um Leben, Licht und Frieden, wir beten um alles, was in unserer Welt nur ansatzweise zu erreichen war; wir beten also um die Vollendung bei Gott.

Dabei sollten wir nicht unterschätzen, wie wichtig und entlastend das Gebet auch für den Beter selber ist. Jetzt, wo wir für einen lieben Menschen nichts mehr tun können, als zu beten, müssen wir nicht „tatenlos" sein. Im Gebet können wir alles loslassen, was uns noch belastet: Was wir versäumt haben, für den Verstorbenen zu tun; was uns nicht mehr möglich war. Wir lassen im Gebet aber auch alles los, was uns wegen des Todes bewegt: Schmerz und Trauer, vielleicht sogar Wut, Zorn und Unverständnis, Erstarrung und Sprachlosigkeit. Im Gebet bleibt uns der Verstorbene nahe, ohne daß wir ihn festhalten; im Gebet lebt der Verstorbene unter uns weiter und nimmt uns Stück für Stück unsere Trauer über den Verlust. Wer für Verstorbene betet, hilft auch sich selbst.

Fürbitten

Wir wollen zu unserem Gott beten, der ein Gott des Lebens ist:

– Um das Vertrauen, daß unsere Gebete von Gott angenommen werden und unseren Verstorbenen Hilfe bringen ...
– Um unsere Bereitschaft, den Verstorbenen das Geschenk der Fürbitte zu machen ...
– Um das rechte Wort für alle, die von Leid und Tod getroffen sind, damit sie sich nicht verlassen fühlen ...
– Um den Glauben daran, daß Gott uns ewiges Leben schenken wird, weil er alles neu macht ...

Roland Breitenbach

Anhang

Weitere Anregungen

1. Es wird aussehen, als wäre ich tot, und es wird nicht wahr sein ...
   Du verstehst. Es ist soweit. Ich kann diesen Leib dann nicht
   mitnehmen. Er ist so schwer ... Aber er wird daliegen, wie eine
   alte verlassene Hülle. Man soll nicht traurig sein um solche alten
   Hüllen.
   Antoine de Saint-Exupéry, Der kleine Prinz

2. Wer stirbt, ehe er stirbt,
   der stirbt nicht, wenn er stirbt.
   Abraham a Sancta Clara

3. Wollt ihr jetzt, da das Leben
   hinabgestiegen ist zu euch,
   nicht aufsteigen zu ihm und leben?
   Augustinus

4. Die einzig wirklich ehrliche Eigenschaft des Menschen ist die
   Sehnsucht.
   Ernst Bloch

5. Jemand gab das Weberschiff in deine Hand.
   Jemand hat die Fäden geordnet.
   Dag Hammarskjöld

6. Von Christus ist zu lernen:
   Je glücklicher einer ist, um so leichter kann er loslassen. Seine
   Hände krampfen sich nicht an das ihm zugefallene Stück Leben.

Da er die ganze Seligkeit sein nennt, ist er nicht aufs Festhalten erpicht. Seine Hände können sich öffnen.
Dorothee Sölle

7. Unsere geheimsten Tränen suchen nie unsere Augen.
Khalil Gibran

8. Du kamst, du gingst mit leiser Spur.
Ein flücht'ger Gast auf Erden nur.
Woher? Wohin? Wir wissen nur:
Aus Gottes Hand, in Gottes Hand.
Volksmund

9. Man kann nicht nur leben von Eisschränken, von Politik, von Bilanzen und Kreuzworträtseln. Man kann es nicht mehr ... Es gilt wieder zu entdecken, daß es ein Leben des Geistes gibt, das noch höher steht als das Leben der Vernunft und das allein den Menschen zu befriedigen sucht.
Antoine de Saint-Exupéry

10. Wir sind, mit dem irdisch befleckten Auge gesehen, in der Situation von Eisenbahnreisenden, die in einem langen Tunnel verunglückt sind, und zwar an der Stelle, wo man das Licht des Anfangs nicht mehr sieht, das Licht des Endes aber nur so winzig, daß der Blick es immerfort suchen muß und immerfort verliert, wobei Anfang und Ende nicht einmal sicher sind.
Franz Kafka

11. Der Tod ist nicht das end-gültige Ende,
er ist die Grenze zur End-gültigkeit.

12. Wenn du einen bitteren Kelch vor dir stehen hast, dann trinke ihn in Gemeinschaft mit Christus.
Oswald Chambers

13. Der neue Mensch trägt die Wundmale Christi an seinem Leibe.
Es bleibt ihm der Schmerz der Sehnsucht nach der Fülle des
Lebens, bis er durch das Tor des leiblichen Todes eingehen darf
in das schattenlose Licht.
Edith Stein

14. Ich bitte dich, Herr, um die große Kraft,
diesen kleinen Tag zu bestehen,
um auf dem großen Weg zu dir
einen kleinen Schritt weiterzugehen.
Ernst Ginsberg

15. Christlich gesprochen liegt der Tod immer hinter uns, vor uns
aber die Liebe.
Dorothee Sölle

16. Selbstmord
die letzte aller Türen
nie hat man
an alle schon geklopft
Reiner Kunze

17. Ich dürste nach der vollkommenen Freiheit meines Seins; ich
hungre nach all dem, was ich ahne und glaube. Nein, nicht der
Tod ist's, den ich kommen fühle; es ist das Leben, das Leben,
von dem man hier unten nur den Schatten wahrnehmen kann
und das ich bald in seiner ganzen Fülle besitzen werde.
Michelangelo

18. Ich kann nichts ändern,
ich suche zu beten.
P. Rupert Mayer

19. Weil du den Weizen liebst, streust du den Weizen aus.
Weil du dein Leben liebst, gieße dein Leben aus.
Augustinus

20. Die Sprache der Hoffnung ist das Gebet.

21. Als Papst Johannes XXIII. von seinem Leibarzt erfuhr, daß er an einem nicht operierbaren Tumor leide, erwiderte der im Vertrauen auf Gott lebende Papst: „Gottes Wille soll geschehen." Und kurze Zeit später: „Aber seien Sie nicht traurig, weil meine Koffer gepackt sind. Ich bin bereit zu gehen."

22. Ich mache keinen Versuch, o Herr, in deine Tiefen einzudringen, die in meiner Vernunft unfaßbar sind. Aber ich sehne mich danach, ein Bruchstück deiner Wahrheit zu begreifen, die mein Herz glaubt und liebt.
Anselm von Canterbury

23. Wo die Menschen sagen verloren,
da sagt Er gefunden;
wo die Menschen sagen gerichtet,
da sagt Er gerettet;
wo die Menschen sagen nein,
da sagt Er ja.
Dietrich Bonhoeffer

24. Wenn eine Frau mir schön vorkommt, kann ich nicht über sie sprechen. Ich sehe sie ganz einfach lächeln. Die Intellektuellen zerlegen das Gesicht, um es aus seinen Zeilen zu erklären, aber das Lächeln sehen sie nicht mehr.
Erkennen heißt nicht zerlegen, auch nicht erklären. Es heißt, Zugang zur Schau zu finden. Aber um zu schauen, muß man erst teilnehmen. Das ist eine harte Lehre.
Antoine de Saint-Exupéry

25. Halte Du meine Hand.
Erlöse mich von Verzweiflung.
Berühre mit Deiner Flamme
die lichtlose Lampe meines Grams.
Wecke meine ermüdeten Kräfte

aus ihrem Schlaf!
Laß' mich nicht meine Verluste zählend
hinter dem Zuge der Pilger zurückbleiben!
Laß' bei jedem Schritt die Straße mir singen
von ihrem Ziel, Deinem Hause!
Denn die Nacht ist dunkel
und Dein Pilger ist blind.
Halte Du meine Hand!
Tagore

26. Komm nun, höchstes Fest auf dem Wege zur ewigen Freiheit,
Tod, leg nieder beschwerliche Ketten und Mauern unseres vergänglichen Leibes und unserer verblendeten Seele, daß wir
endlich erblicken, was hier uns zu sehen mißgönnt ist. Freiheit, dich suchten wir lange in Zucht und in Tat und in Leiden.
Sterbend erkennen wir nun im Angesicht Gottes dich selbst.
Dietrich Bonhoeffer

27. Man stirbt viele Tode, bis man den letzten stirbt.

28. Wer nie zweifelt, kommt nie zur rechten Einsicht.
Ignatius von Loyola

29. Und wenn hier und auf der Erde das Spiel weitergeht und die
ganze Welt eine Bühne ist, so liegt der Himmel endlich hinter
den Kulissen. Aber der Himmel kann nicht mit Vergleichen
umschrieben werden. Ich werde jetzt dort hingehen, weil ich
hoffe, endlich den Lügen und der langweiligen, ordinären Jagd
nach dem Glück zu entgehen, meine Ewigkeit in Kontempla-
tion zu verbringen.
George Bernard Shaw

30. Die einzige Entschuldigung für diese Welt ist die Auferstehung.
Léon Bloy

31. Obwohl wir Gott nie gesehen haben, sind wir wie die Zug-
    vögel, die, an einem fremden Ort geboren, doch eine geheim-
    nisvolle Unruhe empfinden, wenn der Winter naht, einen Ruf
    des Blutes, eine Sehnsucht nach der frühlingshaften Heimat,
    die sie nie gesehen haben und zu der sie aufbrechen, ohne zu
    wissen, wohin.
    Ernesto Cardenal

32. Gebet ist unser Weg zu den Toten,
    das Band der Liebe der Anfang der Vereinigung.
    Reinhold Schneider

33. Deine Kraft liegt in deiner Hoffnung.
    Luise Rinser

34. Wer Hoffnung hat, wird fähig,
    die Welt auszuhalten.

35. Man ist das,
    was man vor Gott ist,
    nicht mehr und nicht weniger.
    Pfarrer von Ars

36. Eine Legende erzählt: Einmal wollte sich der Teufel dem hl.
    Martin als Halt anbieten. Er erschien dem Heiligen als König in
    majestätischer Pracht. Er sagte: „Martin, ich danke dir für deine
    Treue! Du sollst erfahren, daß ich dir treu bin. Du sollst jetzt
    immer meine Nähe spüren. Du kannst dich an mir festhalten."
    Da fragte Martin ihn: „Wer bist du eigentlich?" „Ich bin Jesus,
    der Christus" – antwortete der Teufel.
    „Wo sind denn deine Wunden?" fragte Martin zurück. „Ich
    komme aus der Herrlichkeit des Himmels", sagte der Teufel,
    „da gibt es keine Wunden".
    Darauf Martin: „Den Christus, der keine Wunden hat, den
    möchte ich nicht sehen. An dem Christus, der nicht das Zei-
    chen des Kreuzes trägt, kann ich mich nicht festhalten."

37. Das Leben verlieren ist keine große Sache,
aber zusehen, wie der Sinn des Lebens aufgelöst wird,
das ist unerträglich.
Albert Camus

38. Früher gab es eine Votivmesse: „Um die Gabe der Tränen".
Wir haben verlernt, um die Gabe der Tränen zu bitten. Im kleinen Prinzen von Saint-Exupéry sagt der Pilot: „Es ist so
geheimnisvoll, das Land der Tränen."

39. Am Abend meines Lebens werde ich mit leeren Händen vor
dir erscheinen. Denn ich bitte, zähle meine guten Werke nicht,
Herr.
Alle unsere Gerechtigkeit ist voller Fehler in deinen Augen.
Ich will mich also mit deiner Gerechtigkeit bekleiden und von
deiner Liebe dich selbst empfangen.
Therese von Lisieux

40. Die Gegenwart Gottes ist niemals eine nur beobachtete
Anwesenheit; sie ist immer Schmerz oder Freude.
Dorothee Sölle

41. Nun decke mich zu mit der Nacht.
Breite Deine Gnade über uns aus,
wie du verheißen hast.
Deine Verheißungen sind mehr als Sterne am Himmel.
Deine Gnade ist tiefer als die Nacht.

Es wird kalt.
Die Nacht dieser Erde kommt mit einem Hauch von Tod.
Die Nacht kommt, und das Ende kommt auch.

Du kommst, auf den wir warten
durch Tag und Nacht.
Abendgebet aus Ghana

42. Vor Gott klagen,
    Gott nicht verklagen.

43. Gott ist die Heimat aller Menschen.
    Ernesto Cardenal

44. Das Verschenkte ist sein Reichtum.
    Gertrud von Le Fort

45. Jemanden lieben, heißt sagen:
    Du wirst nicht sterben.
    Gabriel Marcel

46. Gott bürgt dafür,
    daß das Kreuz nicht schwerer ist,
    als es für Dich paßt.
    P. Rupert Mayer

47. Das Unerhörte – in Gottes Hand zu sein.
    Dag Hammarskjöld

48. Der Mensch ist ja ein Gottesbeweis. Ich meine die Tatsache,
    daß wir alle eigentlich wissen – auch wenn wir es nicht zuge-
    ben –, daß wir hier auf der Erde nicht zuhause sind, nicht ganz
    zuhause. Daß wir also noch woanders hingehören und von
    woanders kommen.
    Heinrich Böll

49. Romano Guardini soll zu einem guten Freund kurz vor sei-
    nem Tod gesagt haben: Ich bin mir bewußt, daß mein Tod kurz
    bevorsteht. Ich bin darauf vorbereitet und auch bereit, vor den
    Richterstuhl Gottes zu treten und Rechenschaft für mein
    Leben abzulegen. Allerdings werde auch ich dort einige Fra-
    gen stellen: die Frage etwa nach dem Leiden der unschuldigen
    Kinder. Und ich werde auf einer Antwort bestehen. Warum?
    Ich glaube, dort gibt es eine Antwort.

50. Denke ich an die hellsten und an die schwärzesten Stunden in meinem Leben und im Leben derer, die mir nahestanden, so ist die Freundschaft wie ein festes, sichtbares, unzerreißbares Band hindurchgeschlungen. In den guten Zeiten war sie eine Steigerung im gegenseitigen Geben und Empfangen. In der Zeit der Not wurde sie zu einem Anker, dem letzten, an den man sich hielt, zur Lotsenschaft, manchmal zum Rettungsring.

Carl Zuckmayer

Mitarbeiterverzeichnis

Breitenbach, Roland, Pfarrer von St. Michael/Schweinfurt, Präses der Kolpingfamilie und Studentenseelsorger der Fachhochschule Würzburg-Schweinfurt

Brendt, Heribert, Oberpfarrer an St. Marien, Geilenkirchen

Chudzinski, Johannes, Geistlicher Berater in Mainz, Seelsorger am Hildegardis-Krankenhaus, Mainz

Dapper, Dr. Heinz, Pfarrer in Borken, St. Josef

Giersch, Klaus-Peter, Pfarrer in Bocholt, Herz-Jesu

Göddeke, Wilfried, Pfarrer, Dortmund, St. Franziskus-Xaverius

Herok, Stefan, Leiter des Amtes für Katholische Religionspädagogik im Bezirk Wiesbaden (Bistum Limburg)

Irmgedruth, Rainer B., Domvikar, Münster

Janssen, Heinz-Josef, Dipl.-Theol., Bundesgeschäftsführer des Kreuzbund e.V., Hamm

Kreiss, Clemens, Regionalvikar für die Region Niederrhein des Bistums Münster, Xanten

Lenfers, Karl, Pastoralpsychologe, Hafenlohr (Main)

Ludwig, Dr. Karl Josef, Dozent am Theologisch Pastoralen Institut, Mainz

Maiwald, Dorothea, Pastoralreferentin, Schweinfurt, St. Anton

Punsmann, Dr. Hermann OFM, Professor für (Religions-)Soziologie, Seelsorger am Fachkrankenhaus für Psychiatrie/Neurologie, Münster, Telgte

Schaller, Dr. Hans, SJ, Spiritual am Germanicum in Rom

Schneider, Klemens, Pfarrer in Waltrop

Surmund, Dr. Heinz-Georg, Dominikanische Kommunität im Giordano Bruno Huis, Pfarrer in Utrecht-Zuilen (Niederlande)